図解でわかる！人事制度の作り方

賃金・人事コンサルタント
特定社会保険労務士
津留 慶幸 著

ビジネス教育出版社

はじめに

　本書を手に取っていただきありがとうございます。

　人事制度を新たに作りたい、改善したいという実務的に関心のある方や、人事制度について勉強してみたい、うちの会社の制度ってなんでこうなっているんだろう？といった人事制度に興味関心を持ち始めた方の目に留まったのであれば嬉しく思います。

　ありがたいことに、地域・業種を問わず数多くのお客様とご縁をいただき、現場で起きているさまざまな問題に向き合いながら人事制度の構築に取り組んできました。

　この仕事に就いた当初は、人件費上昇を抑制したいというご依頼が多かったように思いますし、そのことに違和感もありませんでした。

　著者は就職氷河期まっただ中に大学を卒業し社会人になったため、賃金が毎年どんどん上がるということは歴史の教科書の話だと思っていました。それは多くの経営・人事にたずさわる方も同じであり、この数年の賃上げの波にどう対処すればよいのかわからないというお声を数多くいただいています。

　もう1つ、人事制度がないと伝えると採用時に辞退される、社員が将来が見えないと言って辞めていくというお声もよく聞くようになりました。会社側が優位の買い手市場から時代は変わり、求職者優位の売り手市場になったのだと痛感しますし、人事制度に対する関心が高まっていると肌身で感じます。

　しかし、人事制度はさまざまな要素で構成されており、それが複雑に絡まっている（ように見える）ため、どこから手をつければよいのか、何か

ら学べばよいのかわかりくいと感じている方が多いのではないでしょうか。

　私自身、コンサルタントになりたてのころに人事制度に関するたくさん
の本を読むなかで、

　・概念やイメージはわかるが、具体的に何をすればよいのかわからない

　・逆に、具体的な理論や手法が細かく書いてあると思うが、専門的過ぎ
　　て理解できない

　・特定の手法について書かれているが他の手法が書かれていないため、
　　それが他の手法と比較してよいものなのか判断できない

という問題によくぶつかりました。

　経験を積んだ今読み返してみると、いずれも素晴らしい内容が書かれて
いるとわかるのですが、当時は理解する力がなかったのだと思います。

　本書では自身のそのような経験も踏まえ、人事制度の初学者から中級者
の皆様に向けて、

　・人事制度の基礎的な内容を理解できる

　・人事制度を作る際にどこから手を付け、何をすればよいかわかる

　・可能な限りフラットな視点で複数の手法をご紹介する

ことを意識して書きました。

　人事制度に精通した方から見ると物足りない内容や言葉足らずな面もあ
ると思いますが、この本を手に取っていただいた方の何かのお役に立てれ
ば幸いです。

賃金・人事コンサルタント
特定社会保険労務士

津留　慶幸

図解でわかる！　人事制度の作り方

目　次

第1章

人事制度の基礎知識

1. 人事制度の目的

　人事制度とは、文字通り人事に関する制度を定めたものです。では、人事とは何か？　公的な定義のある言葉ではありませんが、狭義には「組織や団体においてその構成員を管理し、処遇等を決定する業務」といったところでしょうか。人事制度はこの業務を社員にも見える形で具体化、ルール化したものであり、この業務を遂行するための手段や道具とも言えます。

　手段や道具はただあればよいというものではなく、その目的や意図に沿ったものを用意する必要があります（**図1-1**）。

◇ **図1-1　人事制度の目的・位置づけ**

出典：著者作成（以下、出典の明記があるものを除く）

　そもそも人事制度は会社の事業と密接に結びついています。どの会社も顧客に価値を提供し、より豊かな社会を実現すること目的としています。そのためには、利益を生み会社を存続させ続ける必要があり、仕事の成果（商品・サービス）を基盤とした顧客との信頼関係を築く必要があります。また、よりよい成果を出すためには会社と社員の良好な関係を築き、継続的に維持・発展させる必要があります。人事制度はこの会社と社員の関係に重要な影響を与えます。

　目的や意味など考えずとも粛々と制度は運用されているという会社もあると思いますが、これから人事制度を作りたい、今の人事制度を改定したいと思って本書を手に取られた方は何かしらの問題意識があるはずです。人事制度を通して何を実現したいのかを考えながら読み進めていただけると、よりお役に立てると思います。

　ちなみに、人事制度がないという会社も数多くあります。高いマネジメント力を持つ経営者や管理職がいる会社であれば、制度がなくとも問題はないと思います

　しかし、その能力を引き継ぐことは難しく、経営者や管理職の代替わりに対応できません。また、経営をとりまく環境は刻一刻と変化しており、かつてよいとされていたマネジメントスタイルが現在も変わらずよいものであるのかはわかりません。

　著者は主に中小企業の人事制度作りをお手伝いしていますが、実際に創業社長や中興の祖となった社長の後を継がれた方から、自分は先代のようにはできないので人事制度を作りたい、変えたいという依頼を数多くお受けしています。

　自身が創業した会社であり健在であっても、規模が大きくなるに従って阿吽の呼吸や暗黙の了解は通じなくなります。一定のルールがないと社員との関係を維持できないと感じる経営者も少なくありません。人事制度がなくともうまくいっているという会社でも（そういう人はこの本は読まないような気がしますが）、こういった変化に備えておく必要はあると思います。

2. 人事制度の全体像

　人事制度という言葉にも狭義の意味と広義の意味があります。狭義には、等級制度、報酬制度、評価制度を指します。広義には採用や教育・研修なども含みます（本書では狭義の意味での人事制度について紹介します）。

　等級制度とは社員を一定の基準に基づいてグループ化し、階層化したものです。グループ化した方が個別に管理するより組織運営や人材育成の面で効率的です。階層化することにより社員に自社でのステップアップの道を示すこともできます。

　また、人事制度の起点であり中心となるものでもあります。等級が高い方が賃金水準（賃金の上限）も高くなりやすく、よりハイレベルな評価基準が適用される、といったように、等級制度は報酬制度や評価制度に密接に結び付いています。

　もし、皆さんの会社の等級制度が報酬制度や評価制度に何も影響がないのであれば、人事制度全体として一貫性のないものになっている可能性があります。

　評価制度は等級制度から影響を受けるだけでなく、等級制度の運用に影響を与えます。例えば、等級の変動、いわゆる昇格や降格の判断を行う際に評価を使用します。また、昇給や賞与といった報酬の増減にも影響します。

　報酬制度には等級制度と評価制度の運用の結果が反映されます。

　このように3つの制度は密接に関連しており、どれか1つを変更すれば他の2つも影響を受けます（**図1-2**、**図1-3**）。今はインターネットや書籍を通して、等級制度、評価制度、報酬制度に関するさまざまな考え方や事例などを手に入れることができます。しかし、それぞれの「よいとこどり」をしようとしても3つが上手く連動していない場合、

制度として機能しない可能性があります。

　また、前述したように理想とする組織像・人材像との整合性が取れていることが大前提になります。

■ 図1-2　人事制度のつながり①

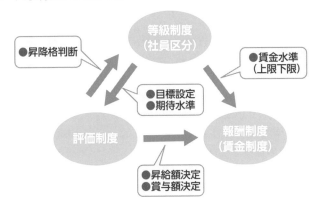

■ 図1-3　人事制度のつながり②

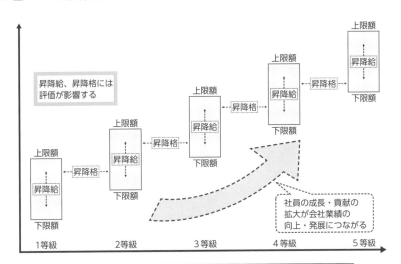

等級別に賃金の上限・下限が決まっている	等級制度と賃金制度のつながり
等級別に昇降給の金額幅が決まっている	等級制度と賃金制度のつながり
昇降給は評価結果によって異なる	賃金制度と評価制度のつながり
昇降格は評価によって決まる	等級制度と評価制度のつながり

CHECK POINT

噛み合わない方針と制度の例

- 会社として顧客との良好かつ継続的な関係の維持を目指し、販売したら終わりではなくアフターフォローを重視している。社員にも注力して欲しい
- そのために評価項目にもアフターフォローに関する内容を充実させた
- しかし報酬は新規販売に対する歩合給のウェイトが非常に高い
- 新規販売に貢献した人から昇格していく

　このような制度の基でアフターフォローに真剣に取り組む社員はあまりいません。

　これはわかりやすい事例であり、ここまでずれている会社は多くないと思いますが、皆さんの会社では事業戦略・事業計画や組織・人材ポリシーと 3 つの制度の整合がとれていますか？

3. 等級制度の基礎知識

　等級制度は社員を階層化し、層別の管理を行うもので、評価や報酬だけでなく育成や配置などにも影響を与えます。社員のキャリア段階を示すものとしても使われ、等級をどのように設定しているかが会社の人材マネジメントの基本的方針を示しているとも言えます。どのような基準を設け、どのように階層化するかは人事制度を考える際の出発点です。等級ではなくグレードやランク、その他さまざまな呼び方がありますが、社員を層別管理のするためのものであれば、呼称に関わらず同じものだと考えてください。

　等級を考える際には、最初から細かな基準を考えるのではなく、まずは基準を決めるうえでの軸を検討します。軸の種類には次の3つがあります（図1-4、図1-5）。

【能力等級】

　能力等級は職能等級や職能資格制度とも呼ばれます。文字通り能力を軸に等級階層を設定する手法で、能力が高い方が等級が高く、賃金も高くなります。1960年代〜70年代に普及し、今なお日本の多くの企業で採用されている制度です。

　能力向上が昇格や昇給に直結することから、社員の成長意欲を引き出しやすい点が長所です。また、能力は個人のものであり、どのような仕事をしていようとも本人の持っている能力自体が変わるわけではありませんので、異動・配置転換を行っても等級を変更する必要がありません。会社は柔軟な人材配置、組織運営を行うことができます。

　いわゆる総合職、ゼネラリストを中心に自社内で異動や配置換えを行いながら人を育てていくという日本企業のやり方にあった仕組みです。社員視点でみても、異動しても等級や給与が変わらないため、安

◆ 図1-4　3つの等級制度

種　類	特　徴
能力等級 （職能資格）	・社員の能力（職務遂行能力）に着目し階層化する手法 ・能力が高い方が等級が高く高賃金 ・社員の能力の向上を促しやすい ・実際の仕事と等級が密接にリンクしているわけではなく配置転換を柔軟に行いやすい（配置転換しても等級が変わらない） ・長く勤めている＝能力が向上していると判断されやすく、年功的になりやすい ・能力は向上する前提であり降格は困難 ・能力は個人のものであり、属人的な判断になりやすい ・人件費が硬直化、高止まりしやすい
職務等級	・社員の仕事に着目し階層化する手法 ・職種の固有性が高い ・担っている職務が高いほど等級が高い ・仕事基準のため、業務内容や配置転換に伴い等級が変動する可能性がある ・職種別採用が未発達で人事異動の多い日本にはなじまないとされていたが、同一労働同一賃金、グローバルな人材獲得競争、人材流動化などにより「ジョブ型」として注目される ・能力等級に比べ、人件費をコントロールしやすい
役割等級	・社員の役割（仕事＋成果責任）に着目し階層化する手法 ・職務等級の使いにくさを考慮し、仕事を「組織における役割」という観点で大括りに分類している ・仕事を大括りで捉えるので柔軟な人材活用が可能 ・大括りにしているため基準が抽象的になりやすい ・仕事や役割、成果責任の違いの小さい期間（新人～指導的立場や役職者になる前まで）は階層分けしにくい ・職種の固有性が高い ・能力等級に比べ、人件費をコントロールしやすい

◆ 図1-5　等級制度の人基準と仕事基準

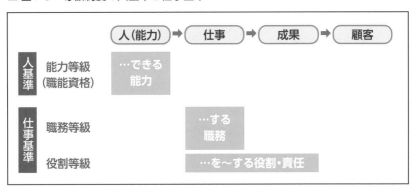

心して働き続けられる仕組みと言えます。

　このような特徴から高度経済成長期〜安定成長期にかけて多くの日本企業で採用されていきました。しかし、バブル崩壊、その後の低成長期、グローバル化やIT化の進展など企業を取り巻く環境の変化に伴い制度の運用が難しくなっています。

　能力等級の基本的な考え方は、人の能力は向上し続けるというものです。それに合わせて等級が上がり、賃金も上がります。長く勤めていると仕事も習熟し社内の事情にも精通していきます。それを持って能力が向上したと判定され昇格することもしばしばあり、年功的な運用になりやすい仕組みです。しかし、能力が向上すれば必ず売上や利益が増加するわけではありません。そこには景気動向や競合の状況などさまざまな要素が影響しています。

　また、求められる能力自体も変化しています。能力のなかには、時代の変化に関わりなく普遍的に通用するものもあれば、最新の機械設備やIT化など環境の変化によって代替されてしまうものもあります。数年前まで優れた技能だったが、今は陳腐化あるいは別のものに代替され利益を生み出しにくい、ということが起きています。

　これらの問題に対処するためには、社員本人が常に新しい技能習得のために意欲を持って学習し、会社もそれを支援し機会を与え続ける必要があります。また、能力の変化に合わせて能力等級の基準を見直していく必要があります。

　等級が高いほど賃金水準が高いため、かつて優れた技能によって昇格、昇給したが今は残念ながら貢献が高くない人にも高い給料を払い続けることになります。社員目線で見ると、かつてほど貢献できなくとも安定した賃金を得られ安心して働き続けることができるように見えます。しかし、人件費は有限です。その層に高い賃金を払うということは、これからの競争力の源泉となる新しい技能を持つ社員に高い賃金が払えない可能性があります。

　以上のメリット・デメリットを踏まえると、若手社員など能力の向

上を促したい育成層には向いていますが、一定のキャリアを積み具体的な成果により貢献してもらいたい層には不向きな制度と言えます。これから能力等級制度を作る、今使っている能力等級の基準（図1-6）を改定するという会社はこれらの特徴を理解したうえで導入や改定の可否を判断してください。

◇ 図1-6　能力等級基準の例（全職種共通の簡易な基準設定）

等　級	求められる能力
5等級	・経営方針に基づき適切な部門方針、目標が設定できる ・内外の変化を先取りした戦略的な判断ができる ・部門の業務革新に向けて責任ある判断ができる ・他部門、社内外関係先と必要な調整ができる ・部下を統括して部門全体の総力を結集し、担当部門の運営ができる
4等級	・経営に関する知識、担当業務および関連分野の高度な専門知識を有する ・担当の部署を運営できる ・社内外関係先と必要な調整ができる ・部下を教育、統率して、組織の力を発揮させ、担当業務を遂行できる
3等級	・担当業務の範囲で判断業務を遂行することができる ・チームメンバの一指導ができる ・自ら率先してチームメンバーをまとめながら担当業務を遂行できる ・社内関係先と必要な調整ができる
2等級	・担当業務の範囲での判断業務を遂行することができる ・チームのリーダーができる ・状況に応じて手順を変更する程度の工夫ができる ・職種別に求められる職務遂行能力に基づいて下位者を指導できる
1等級	・職種別に求められる職務遂行能力に基づいた日常定型的な業務が遂行できる ・担当業務は上司の指示が大枠であっても、内容を理解し、業務を遂行できる ・チームメンバーとしての自覚を持ち、チームに溶け込める

【職務等級】

職務等級は職務の大きさ（職務価値）を軸に等級を設定する手法です。非常に大雑把に説明すると、営業職の等級、製造職の等級、事務職の等級があるというイメージです（実際にはもっと細かく設定します）。等級と賃金水準は紐づいているため、職種が変わると賃金まで変わる可能性があります。しかし、日本では新卒一括採用・業務命令による配置転換が定着しており、どの職務につくかは社員本人にほとん

ど決定権がない状態です。こうなると、配属による不満、不公平感が大きくなります。

　そのため、職務等級は日本企業には馴染みのない手法です。職務等級を使うためには、新卒初任給〇〇円という採用ではなく、〇〇職の新卒〇〇円、××職の新卒採用××円のように職務を限定したうえで賃金を明示する必要があります。しかし、入社時に職務を限定して採用すると、その後の会社都合の配置転換が行いにくくなります。

　また、職務ごとに等級を設定し賃金を紐づけそれを公開すると、社内での職種による賃金差が見えやすくなります。職務等級であろうとなかろうと、採用市場において賃金水準の高い職種や職務は存在しますが、職務等級はそれをよくも悪くも可視化します。職場内の調和を図るために職種ごとの差を設けたくない、あるいは、差があることは暗黙の了解ではあるが露骨に見えるようにしたくないと考える会社には不向きです。

　社員視点で見ると、職務価値が高い仕事を任せられないと等級が上がらないため、ずっと同じ仕事を続ける人は昇格機会が乏しく、昇格するためには社内で自身の力をアピールし新たな職務を獲得する必要があります。それができないのであれば、今のまま留まるか転職かということになります。自己アピールによる配置転換や転職がそれほど活発でない日本企業とそこで働く社員にとっては、馴染みにくい仕組みです。

　以上のようなことから、日本では職務等級はほとんど導入されていませんでした。しかし、ジョブ型というワードとともに注目されるようになっています（ジョブ型人事制度は必ずしも等級制度だけを指しているものではなく、賃金、採用、配置、解雇にいたるまで、企業の持つ人事権やもっと大きな日本社会の雇用に対する考え方にまで及びます）。

　その背景には、能力等級の持つ年功的になりやすいというデメリットを回避し、競争力のある職種、職務の社員に高い賃金を払うことで競争力のある産業およびそれに従事する人を育てたいという狙いがあ

ります。

　また、職務等級は求める仕事をはっきりと明示しやすく、社員自身に求められているものを意識させやすいと言われます（本来はどのような等級制度でも可能なのですが、あくまで職務等級の方が示しやすいという考え）。一般的には、職務記述書（**図1-7**）と呼ばれる具体的な仕事内容を示した資料を用意します。

　しかし、はっきりさせると、そこに書かれていることだけを仕事ととらえ、それ以外はやらなくなる可能性もあります。阿吽の呼吸や暗黙の了解によりなりたっていた業務分担が通じなくなる可能性もあるということです。

◪ 図1-7　職務記述書の例

等級の種類					

職務記述書

職種名	等級	所属・勤務場所	勤務形態	作成日
主たる職務・職務設置の目的 （職務要約）				

No.	担当業務名	業務内容	評価指標・期待水準
1			
2			
3			
4			
5			
6			
7			
8			
9			
10			
必要な経験・知識・技術等			
特記事項			

【役割等級】

　役割等級は役割を軸とした仕組みです（図1-8）。役割という単語自体は日常でも使いますが、人事制度という観点で見ると能力や職務に比べて曖昧な言葉です。そのため明確な定義が定まっておらず、会社によって微妙に異なります。本書では、仕事およびその仕事に付随する成果責任のことを役割と呼んでいます。

◆ 図1-8

	意　味	たとえば……
役割	組織の働きをささえる、一人ひとりの位置づけ（役職・ポスト）	店長
責任	仕事の目的（成果）を達成する責任	売上・利益の確保、組織づくり、人材育成など

　職務等級の持つ配置転換すると等級が変わる可能性があるというデメリットを緩和するために、仕事だけでなくその責任にまで範囲を広げています。こうすることで、仕事や職種固有の要素を薄め、職種横断的な基準を設定しやすくします。

　「仕事＋成果責任」の組み合わせで馴染みのある概念として課長や部長といった役職があります。役割等級を考える時は役職の階層を考えると理解しやすいでしょう。職種が異なっても役職者として求められ成果責任が同じであれば同じ等級と考えます。

　役割は職務と同じように会社からの業務命令により与えられることから、能力等級より職務等級に近い考え方です。職務等級であっても管理職になれば成果責任が求められ、組織のマネジメントなど職種による差がない要素が多いことから、役割等級との違いはさほどないとも考えられます。

　役職の任命が個人の地位や名誉のためではなく適切に行われているのであれば、能力等級の持つ年功的になりやすいというデメリットも

回避できます。能力等級のデメリットに困っているが、職務等級は使いにくいという会社を中心に、2000年代以降、採用する企業が増えています。

ただし、デメリットがないわけではありません。職務等級に比べて

◇ 図1-9　役割等級の定義例

等級	役割責任	役職
V	（マネジメント職の役割責任） 会社の基幹事業・中枢機能の責任者として経営首脳の意思決定を補佐し、中長期の事業計画を立て、その組織的な実行体制を整備して継続的な業績と成長性を確保する。 （専門職の役割責任） 業界をリードする高度な理論と組織的ノウハウの蓄積に基づいて、会社の基幹事業で扱う専門分野全体に関する戦略的意思決定を担当する。高度な専門家的立場から経営首脳の意思決定を補佐する。担当事業領域における市場競争力と成長性を確保する。	部門長 上級専門職
IV	（マネジメント職の役割責任） 担当組織の責任者として上司を補佐しながら担当部門の最適な組織目標を設定・実行する。部下・チームに最適な役割・目標を与え、その成果実現のための必要な組織体制や働きやすい環境を整備して期間業績を確保する。 （専門職の役割責任） 高度な経験・判断に基づいて、所属組織の専門ノウハウに関する開発や問題解決、意思決定をリードし、要求される専門機能を提供する。新しい技術やノウハウを確立し、効果的な指導によりチームの能力・技術水準を高める。	課長 中級専門職
III	（指導職の役割責任） 組織的な判断を要する応用的な業務を担当する。幅広い裁量や創意工夫により、顧客の期待に応え業績に貢献できる成果を実現する。担当業務の役割責任に基づいて効果的な目標を設定し、メンバーに対し自ら模範となって実行を指導する。主体的に新しい技術やノウハウを試みながらチームの能力水準を高めていく。	主任
II	応用動作を伴う比較的定常的な業務を担当する。 自分の担当範囲に責任を持ち、自己の経験と判断を加味して顧客や組織の期待に応える高品質の成果を出す。 組織の基本的なルールを理解し、仕事の目的に照らして自分で判断すべきことと上司や先輩に判断を仰ぐべきことを使い分ける。直接担当する業務外であっても積極的に他のメンバーに協力し、所属チームの生産性向上に貢献する。	
I	比較的短期間に習得できる定型業務を担当する。 業務マニュアルや経験者の指導に基づいて任務を忠実に実行し、仲間と協力してスピーディに正しい成果を出す。 顧客の要望や職場の問題を正確に上司に報告し、判断を仰ぎながら、品質・作業能率の向上、顧客の信頼、円滑な人間関係を保つ。	

概念の幅を広げているため、具体的な基準を設定する際に抽象的にならざるを得ない部分があります。また、「役職≒等級」のため、役職が上がらないと昇格せず、能力等級に比べ昇格機会の乏しい仕組みです。この点は職務等級と同じです。

　能力等級では、年功的な昇格が発生しやすく人件費負担が重くなりやすいですが、職務や役割は会社が任命するものであるためコントロールしやすいと言えます。しかし、社員目線で見ると会社に左右される要素が大きいため、昇給や賞与の仕組みを工夫することで不満を払拭する必要があります。

4. 等級制度の組み合わせ

　ここまで紹介した通り、能力等級は育成段階では使いやすく、役割等級は役職と連動しているため管理職や管理職手前の役職層に使いやすいという特徴があります。職務等級は日本企業では使いにくいですが、管理職層では役割等級と似通っています。そのため、非管理職は能力等級、管理職は役割等級という組み合わせも考えられます。

　ただし、2つの基準を使うと管理やメンテナンスの手間が増えます。また、非管理職と管理職の境目をまたぐ際に異なる基準を適用するため、制度としての一貫性や連続性という点ではわかりにくさも生じます。すでに等級制度があり運用に慣れている会社であればこのような問題にも対処できると思いますが、初めて等級制度を導入しようという会社は3つのうち1つにしぼった方が運用しやすいでしょう。

5. 等級と役職の関係

　等級と同じように社員を格付けたりし、グルーピングするものとして役職があります。どちらも会社にとっては重要なものですので、この２つはどのような関係にあるのかを整理しておかなければなりません。

【能力等級】

　能力等級では、個人の能力に基づく等級と会社から与えられた役職は緩やかなつながりはあるものの別物として扱います。

　例えば、課長の能力はあるが課長というポストがないため役職についていない人は、等級は課長相当ですが役職は係長や主任ということもあり得ます。同じ等級のなかに部長と課長が混在することもあります（**図1-10**）。等級は基本給と結びついてるため、適用される基本給テーブルや昇給ルールは同じものが適用され、役職の賃金差は役職手当で対応します。

　等級と役職という２つ仕組みを別々に動かすため組み合わせが豊富で柔軟な運用が可能です。役職者としてのポジションがない場合でも昇格可能なため社員のモチベーションを維持しやすいというメリットがあります。一方、実際の役職や仕事の負担が軽い割に基本給が上がりやすいというデメリットにもつながっています。

【職務等級・役割等級の場合】

　職務等級と役割等級では、役職と等級は一体的に考えます（**図1-10**）。役職は仕事や責任をわかりやすく表すものであり、役職の差≒等級の差とシンプルに考えます（役割は会社によって定義が異なるため役職と別物と考えるところもあります。ただ、役職以上に役割をわかりや

すく表すことは難しく、役職以外の基準を持ち込むと役割等級の意味がわかりにくくなります。役割等級が形骸化しやすくおすすめしません）。

　どちらも役職が上がれば等級が上がり、役職が下がれば等級も下がります。能力等級のように等級だけを上げるということがありませんので、任せる役職（ポスト）がないと本人の能力があっても等級が上がりません。

　等級が上がらないから賃金もまったく上がらないとすると社員のモチベーションの維持が難しくなるため、報酬制度の方でこのデメリットを回避する必要があります。

◆ 図1-10　等級と役職の関係（例）

能力等級

	主任	課長	部長
V等級			
IV等級			
III等級			
II等級			

職務等級・役割等級

V等級 ≒	部長
IV等級 ≒	課長
III等級 ≒	主任

成果主義は能力、職務、役割のどれに分類されるのか？

　成果主義にしたい場合、どの等級制度にすればよいのかと質問されることがあります。成果主義という言葉自体は能力・職務・役割のいずれかを直接指しているわけではなく、どちらかというと、昇格や昇給運用の考え方およびそれらに影響を与える評価基準や評価手法を指していると言えます。

　歴史的にみてみると、バブル崩壊以降、能力等級を支えていた要素が次々と失われていきました。そこに登場したのがいわゆる成果主義です。著者はこの当時はまだ学生〜社会人になりたてでしたのでリアルに体験したわけではありませんが、今から振り返ってみると、行き過ぎた成果主義、極端な成果主義というのが適切な表現だったとも言われています。

　年功的になりやすく、時間をかけて社員の成長を促す能力等級と、短期的な成果を求める成果主義はあまり相性がよくありません。能力があるから必ず成果が出るわけでもなく、成果が出た人は必ず能力が高いわけでもありません。仕事そのものに直結している職務等級や、仕事とそれに付随する成果責任まで含める役割等級の方がどちらかというと成果を判定し報酬に反映しやすいでしょう。成果を求めること自体は悪いことではありませんが、かつての成果主義が失敗した原因ともいわれる性急な変化や人件費抑制を主目的とした導入は、社員の反発が大きく失敗する可能性が高いと思います。

6. 自社にあう等級制度の考え方

　前述した3種類の等級制度のどれかが他より絶対的に優れているというわけではありません。自社の目指す組織像、人材像、経営環境、等級基準のメンテナンスなどの運用力と、3種類それぞれの持つ特徴との相性によって選ぶことになります。仮に目指す姿が明確であっても経営環境にそぐわなかったり、自社の人事総務スタッフや管理職では複雑過ぎて運用できないのであれば、どのような制度を作っても機能しません。

　このことと、これまで紹介した内容を踏まえて簡単に整理すると、以下のようになります。最初は向き不向きではなく、何を実現したいのかから考えてください。そのうえで向き不向きを考慮することをおすすめします。

◆ 図1-11　3つの等級制度

等級制度	向いている会社
能力等級	・短期的な成果よりも長期的な社員の成長を重視する ・長期勤続による技能熟練の価値が高く、この層に高い賃金を払いたい ・業界や職種的に求められる技能の変化が小さい ・役職と等級は別のものとして扱いたい
職務等級	・職種の変更や配置転換を行わない（非常に少ない） ・新卒採用を行なわない（非常に少ないあるいは、職種別の新卒採用を行う） ・採用市場において賃金水準の高い職種と低い職種が混在しており、それが社内でも明らか
役割等級	・能力等級と職務等級のデメリットをできるだけ避けたい ・役職者の権限や責任が明確であり、名ばかりの役職者がいない ・職種間の賃金差が小さい ・役職と等級を一体的に扱いたい

7. 報酬制度の構造

等級制度の次は報酬制度について説明します。報酬制度は多くの場合、月例賃金、賞与、退職金で構成されます（図1-12）。退職金がない会社や賞与がない会社もありますが、月例賃金は必ずあります。

また、月例賃金のなかには基本給と割増賃金、手当があり、細かく支給名目やルールが設定されています。これらを整理すると次のようになります。具体的なことは会社によって異なるため一例としてみてください。

図1-12　報酬の種類

報酬の種類		目的	改定・変動
月例賃金	基本給	・所定労働時間の労働に対する対価 ・等級の高さが昇給額や上限に影響することから、等級制度で採用した基準（能力、職務、役割いずれかの高さ）に対する対価 ・社員の生活を支える基盤	・一定期間の評価によって緩やかに変動
	割増賃金	・所定外労働時間の労働および深夜労働に対する対価	・原則、時間に応じて変動
	手当	・基本給で反映されない要素を補完する ・生活補助、労働環境の差の埋め合わせなど用途はさまざま	・要件を満たした場合に支給
賞与	利益還元部分	・半期あるいは年間利益の一部を社員へ還元	・会社業績および個人の評価によって大きく変動
	安定部分	・基本給と類似の性質であり、社員の生活を支える	・会社業績の影響や個人の評価の影響がない（非常に小さい）
退職金		・長期勤続、長期の功労に対する報酬 ・退職後の生活支援	・勤続年数や勤続期間の貢献、退職時の賃金などにより決定

※退職金自体がない企業も多いことから、本書では退職金については割愛します。

8. 月例賃金の基礎知識

　月例賃金は月給とも呼ばれ、毎月支給されます。賃金には、毎月1回以上、一定の期日を定めて支払わなければならないといった法律上の定めがあるため、毎月何らかの賃金は支給されているはずです。月例賃金はさらに基本給、割増賃金、その他の手当の3つに分類されます（図1-13）。

◆ 図1-13　月例賃金の種類

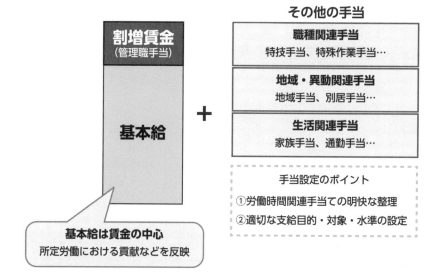

【基本給】

　基本給は一般的な名称であり、別の名称を使っている会社もあります。「所定労働時間の基本的な労働に対する賃金（手当として支給する以外のもの）」であればここに分類されると考えてください。所定労働時間働いていればどのような人でも同じ賃金を支給という会

社はほとんどないはずです。人事制度がある会社であれば、等級や
評価に応じて昇給額や上限に差が設けられています。等級に連動し
て金額の範囲が決まっていることが多く、能力等級であれば能力給、
職務等級であれば職務給、役割等級であれば役割給と呼ばれること
もあります。

　等級が高いほど基本給も高くなりやすいことから、等級制度の基軸
として採用した要素（能力、職務、役割）を色濃く反映します。

　特に基本給の上限・下限に大きく反映され、その方法には**図1-14**の
4パターンがあります。

◨ 図1-14　等級別基本給テーブルのパターン

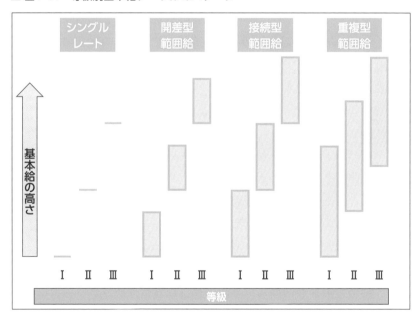

● シングルレート

　シングルレートは1つの等級に1つの基本給額しかないものです。
例えばⅠ等級であれば全員20万円、Ⅱ等級であれば全員25万円といっ

た形です。Ⅰ等級のなかで優秀な人と普通の人という差がなく、社員視点で見ると昇格しない限り昇給する余地がありません。等級の数が少ないと昇格の機会自体が少ないため、長期雇用を前提とし昇給をそのモチベーションとして活用するには不向きな仕組みです。

逆に、短期雇用・有期雇用かつ等級別に賃金のメリハリをはっきりつけたいということであれば向いています。

● **開差型（開放型）**

等級間の格差があること自体はシングルレートと同じですが、1つの等級に上限と下限を設定し幅を持たせたものです。Ⅰ等級の上限額よりⅡ等級の下限額が高く、等級間の金額差が開いています。そのため昇格すると大きく基本給が上がる一方、降格すると大きく下がります。

この金額差によっては、降格の減少額が大き過ぎて心情的に降格させにくかったり、昇格時の人件費増加を嫌って昇格を抑制してしまう可能性もあります。賃金の増減を理由として昇格降格の運用を歪めると等級制度自体が形骸化するため、このパターンを採用する場合は昇格や降格時の基本給の増減もセットで考えておく必要があります。

● **接続型**

等級間の基本給の範囲が階段のように見える仕組みです。例えばⅠ等級の上限額とⅡ等級の下限額は同額です。開差型にあった差をなくし連続性を持たせることで、開差型の持つ昇格時の大幅昇給、降格時の大幅降給というデメリットをカバーしたものです。

ただ、等級が高い方が基本給が高いということには変わりがなく、等級の上限に達する前に昇格させる場合は結局、大きな昇給が発生します。降格の場合も同様に、下限の社員以外を降格させる場合は大きな降給が発生することから、開差型の持つデメリットを完全に解消できるわけではありません。

● **重複型**

開差型や接続型の抱えるデメリットを解決する方法として重複型があります。等級間の金額に一定程度の重なりがあり、昇格や降格の場

合でも重複している範囲であれば大きな昇給や降給をする必要があり
ません。そのため、基本給の増減をあまり気にすることなく昇格や降
格を行いやすい形です。

　見方を変えると昇格や降格時の基本給の変動が小さい（あるいはな
い）とも言え、これだけを見ると昇格した恩恵が少なく感じられます。

　社員に昇格した意味がないと捉えられると困りますので、昇格時の
瞬間的な昇給ではなく、昇格後に行われる毎年の評価による昇給が大
きくなるなどのメリットを示す必要があります。

　能力、職務、役割のどの等級制度であっても4パターンいずれも使
用可能です。ただし、組み合わせの相性はあります。役職と等級が連
動しており、会社から任命される職務や役割によって等級が動く可能
性のある職務等級や役割等級は、基本給の増減をあまり気にする必要
のない重複型の方が運用しやすいでしょう。

　いずれにせよ、長期雇用を前提とする場合は上限・下限のあるパタ
ーンを選択し、その範囲内で評価に応じて昇給、据え置き、降給を行い
ます。基本給が社員の生活を支える主要な賃金であること、新卒から
定年まで勤めるとすると40年近く運用し続けることから、急激な変化
ではなく中長期的に緩やかに変化していく形が一般的です。

　ただし、雇用に関する考え方も変化しています。あまりに昇給が緩や
かすぎると若い社員や優秀な社員が離職するリスクがあります。若手の
定着や優秀な社員に報いるためには一定のメリハリは必要です。

　どのように上限・下限を設定するのか、昇給ルールをどのように設
定するかについては第2章（66ページ）で解説します。

　また、シングルレート以外の3つのパターンには、号俸表（図1-15）
や基本給表、賃金表と呼ばれる細かく金額設定されているものと、範
囲給（図1-16）やレンジ給、賃金バンドと呼ばれる等級別の上限下限
のみが設定されているものがあります。

◆図1-15 号俸表（基本給表、賃金表）の例

号	Ⅰ等級 昇給単位 (1,000)	Ⅱ等級 昇給単位 (1,250)	Ⅲ等級 昇給単位 (1,570)	Ⅳ等級 昇給単位 (2,520)	Ⅴ等級 昇給単位 (3,780)
1	200,000	214,000	239,000	278,250	326,130
2	201,000	215,250	240,570	280,770	329,910
3	202,000	216,500	242,140	283,290	333,690
4	203,000	217,750	243,710	285,810	337,470
5	204,000	219,000	245,280	288,330	341,250
6	205,000	220,250	246,850	290,850	345,030
7	206,000	221,500	248,420	293,370	348,810
8	207,000	222,750	249,990	295,890	352,590
9	208,000	224,000	251,560	298,410	356,370
10	209,000	225,250	253,130	300,930	360,150
11	210,000	226,500	254,700	303,450	363,930
12	211,000	227,750	256,270	305,970	367,710
13	212,000	229,000	257,840	308,490	371,490
14	213,000	230,250	259,410	311,010	375,270
15	214,000	231,500	260,980	313,530	379,050
16	215,000	232,750	262,550	316,050	382,830
17	216,000	234,000	264,120	318,570	386,610
18	217,000	235,250	265,690	321,090	390,390
19	218,000	236,500	267,260	323,610	394,170
20	219,000	237,750	268,830	326,130	397,950
21	220,000	239,000	270,400	328,650	401,730
22	221,000	240,250	271,970	331,170	405,510
23	222,000	241,500	273,540	333,690	409,290
24	223,000	242,750	275,110	336,210	413,070
25	224,000	244,000	276,680	338,730	416,850
26	225,000	245,250	278,250	341,250	420,630
27	226,000	246,500	279,820	343,770	424,410
28	227,000	247,750	281,390	346,290	428,190
29	228,000	249,000	282,960	348,810	431,970
30	229,000	250,250	284,530	351,330	435,750

◀ 図1-16　範囲給（レンジ給、賃金バンド）の例

	Ⅰ等級	Ⅱ等級	Ⅲ等級	Ⅳ等級	Ⅴ等級
昇級単位	1,000	1,250	1,500	1,950	2,350

基本給の下限・上限	Ⅰ等級	Ⅱ等級	Ⅲ等級	Ⅳ等級	Ⅴ等級
	200,000〜 〜250,000	230,000〜 〜285,000	250,000〜 〜320,000	270,000〜 〜350,000	300,000〜 〜390,000

【割増賃金】

　法律により定められており従う必要があります。原則的なルールは以下の通りです。

◀ 図1-17　割増賃金のルール

時間外手当	・算定基礎給×時間外労働した時間×1.25（時間外労働が1カ月60時間以内） ・算定基礎給×時間外労働した時間×1.5（時間外労働が1カ月60時間を超えた部分）
休日手当	・算定基礎給×休日労働した時間×1.35
深夜手当	・算定基礎給×深夜労働した時間×0.25

　これらはあくまで最低限のルールですので、これ以上を支払う分には問題ありません。

　細かな点ですが、上表の時間外労働とは法定労働時間である1日8時間あるいは1週40時間を超える時間を指しています。所定労働時間が1日7時間の会社は、7〜8時間の間の1時間は1.25倍ではなく1.0倍とすることも可能です。

　また、休日労働とは1週間に1日あるいは4週間に4日の法定休日の労働のことを指しています。それ以外の休日は時間外手当と同じ1.25倍とすることも可能です。

　ただし、どちらも就業規則や給与規程の定めに従う必要があります。規程に法定時間外や法定休日とそれ以外の時間外や休日の差を設けていないのであれば、前ページ**図1-17**の通りに払うことになります。

　また、管理職は時間外手当や休日手当は対象外となりますが深夜手当は必要です。

　図1-17にある算定基礎給とは、月例賃金のうち「家族手当、通勤手当、別居手当（単身赴任手当）、子女教育手当、住宅手当、臨時に支払われる賃金、１カ月を超える期間ごとに支払われる賃金」の７種類を除外した額を１カ月の所定労働時間で割った時給を指します。

　これらは名称ではなく実態に基づいて該当するか判断されます。例えば全員一律同額の住宅手当を支給しているなど、住宅費の負担と関係のないような支払い方の場合は除外できませんので注意してください。

　なお、前記７種類を除外せず、算定基礎給に含めることは可能です。

【その他の手当】

　通勤手当や家族手当、住宅手当といった代表的なものから、各社独自のものまで多種多様です。自由度が高いためあれこれと設定したくなりますが、基本給では補えない要素を補完し、かつ必要最小限に留めることをおすすめします。

　基本給は賞与や退職金の基礎となっており、増額しにくいため手当をつけて月例賃金だけが上がるようにしている会社もあります。このような会社は賃金総額に占める手当額のウェイトが大きく、手当の種類も多い傾向にあります。

　しかし、以下の理由からおすすめしません。

- 手当は基本給と異なり支給要件を満たす人だけに支給するため、種類が多ければ要件に該当するかの判断、管理運用が煩雑になる
- 基本給のように評価によって変動しないものが多く、毎年の貢献を細かく反映しにくい

- 手当のウェイトが大きいと、毎期の評価によって変動する基本給の価値が相対的に低くなる。評価の価値も相対的に低くなり評価制度が形骸化する可能性がある
- 評価の価値が下がれば社員が努力する指標が失われたり、ねじ曲がる可能性がある
- 非正規社員に支給しない場合、いわゆる同一労働同一賃金の観点で、基本給に比べ差を指摘されやすい（なぜ非正規社員には支給しないのかの説明が難しい場合が多い）

便利で柔軟に使えると思ってつけた手当も、いつのまにか複雑でわかりにくいものになります。労働の質や貢献に対する対価は基本給で反映することをおすすめします。

もちろん、基本給だけで労働や社員の事情のすべてを反映することはできませんので、補完的要素となる手当は設定して構いません。代表的なものとして以下のものがあります

図1-18　各種手当について

職種関連手当	公的な資格手当、特殊技能手当など
地域・異動関連手当	地域手当、単身赴任手当など
生活関連手当	家族手当、住宅手当など

9. 賞与の基礎知識

多くの会社で夏冬の年２回、期末賞与のある会社では年３回支給されます。

賞与には２つの側面があり、１つは賞与算定期間の利益を社員に還元することを重視しする側面、もう１つは月例賃金のように社員の生活を支え安定性を重視する側面です。どちらのウェイトが重いかは会社ごとに異なりますし、どちらかの要素が100％という会社もあります。

賞与は原資を決定し、その原資を社員に配分するという２段階で構成されることから、この利益還元性と安定性の観点も原資、社員への配分のそれぞれに発生し、**図1-19** のようなパターンが生まれます。

図1-19　賞与配分の考え方

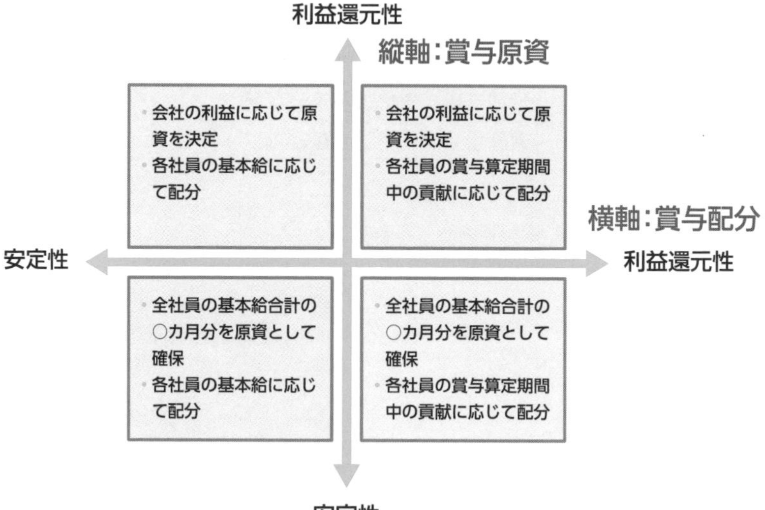

※図はシンプルに整理するためのイメージです。基本給の○カ月分＋利益の○％の合算により原資を用意し、配分は期間中の貢献のみにより決定するということもあるため、実際には図の４象限以外のパターンもあります。

　月例賃金との差別化や報酬制度の使い分けという観点では、利益の還元要素が大きいあるいは100％であった方がよいのですが、賞与も含めた年収で生計を考えている場合もあります。そのため、生活給的な安定要素をゼロにはできないこともあるでしょう。

　利益還元を重視する代表的手法として、配分点数表方式（図1-20）と呼ばれるものがあります。

　等級と評価に応じた点数を付与し、その点数に1点単価をかけることで賞与額が決まる仕組みです。1点単価は、会社が利益に応じて用意した原資を全社員の点数の合計で割ることで算出します。

◆ 図1-20　配分点数表方式

①等級別・評価別の配分点数表を設定

	Ⅰ等級	Ⅱ等級	Ⅲ等級	Ⅳ等級	Ⅴ等級
S評価	200	300	400	500	600
A評価	150	225	300	375	450
B評価	100	150	200	250	300
C評価	60	90	120	150	180
D評価	20	30	40	50	60

<計算例>
・評価連動賞与原資2,100万円
・全員の配分点数合計 7,000点
　のとき
「1点単価」
＝2,100万円÷7,000点
＝3,000円
「Ⅰ等級のB評価の賞与額」
＝3,000円×100点
＝300,000円

② 「1点単価」は賞与原資と全員の配分点数合計から計算

$$「1点単価」＝\frac{賞与総原資}{全社員の配分点数合計}$$

　配分点数表方式の特徴は、基本給や月例賃金を反映する要素がなく、等級と評価によって金額が決まることです。点数表の設計次第ですが、基本給が低い社員でも等級が高かったり評価が高ければ高い賞与が得られます。

　一方、安定性を重視する場合は基本給連動方式と呼ばれる手法がよく使われます。例えば、「賞与は基本給の〇カ月分（例：2カ月分）」という形で表されます。基本給だけでなく基本給＋一部の手当を使う場合もありますが、どちらにせよ基本給の要素が強く反映されます。

　一律に基本給の〇カ月分では硬直的ですので評価の要素を持ち込み、標準評価であれば 1.0 倍、優秀であれば 1.2 倍、逆にもう一段の努力を要する場合は 0.8 倍と評価に応じた係数をかけて貢献を反映することも可能です。

　ただし、評価要素を持ち込んだとはいえ基本給をベースにしているため、係数よりも基本給の大小が強い影響を与えます。

　基本給は中長期の勤続による影響が強く、年齢が高い、勤続年数が長い社員が高いという会社が多いのではないでしょうか。そうなると、賞与額が「今期業績に大きく貢献した基本給の低い社員＜今期業績への貢献が低い基本給の高い社員」ということが起こり得ます。

　また、生活給の延長線として安定的に支給したいとはいえ、ある程度は会社業績も反映したいという場合には、業績係数を設定することもあります（**図1-21**）。

◇ 図1-21　賞与に業績係数を反映するパターン

基本給	基準月数	会社業績係数	評価係数		賞与額
			評価	係数	
20万円	2カ月	×1.0	S	×1.2	48万円
			A	×1.1	44万円
			B	×1.0	40万円
			C	×0.9	36万円
			D	×0.8	32万円

10. 評価制度の基礎知識

　等級の昇格降格、基本給の昇給、賞与など、社員の金銭報酬を決めるための判断指標として評価はさまざまなところで登場します。そのため評価＝報酬決定のための道具と思われがちですが、評価を行う目的はそれだけではありません。

　評価制度の目的として、次の３つが挙げられます。

・社員の成長・育成指針
・目標や基準の設定およびその遂行を通した事業や組織のマネジメント
・金銭報酬を決めるための公正な判断要素

　報酬を決めるためだけに評価があると考えると、どうしても今年どれくらい昇給するか、今度の賞与はどれくらいもらえるかといった短期的な視点になりがちです。また、よい評価を取るためにできるだけ簡単な目標を設定して達成したことにしたい、といった考えにもつながります。

　本来、評価制度は会社が求める人材像や職務遂行基準、成果を示したものです。多くの場合、その実現には困難が伴いますし時間がかかります。現状と会社が求めるものに差があるのであれば、それをどのようなステップで埋めていくのかを考え実現していく必要があり、この一連の流れを通して社員は成長していきます。評価制度を作る際には、報酬決定以外の評価制度の目的を理解したうえで取り組んでください。

　このような目的を実現するためには、社員に求める要素を**図1-22**のように整理するとわかりやすいでしょう。

◇ 図1-22　人事評価する際に社員に求める要素

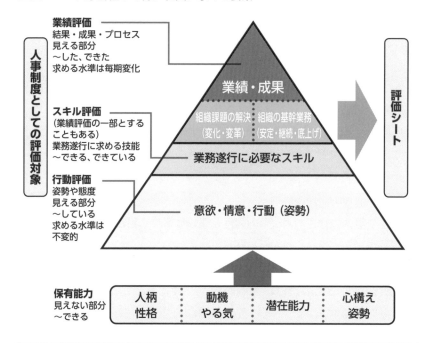

業績評価	会社業績および業績を達成するためのプロセスの遂行
スキル評価	業務遂行に必要な技能
行動評価	業務への取り組み姿勢、価値観、組織風土づくり等への貢献

【業績評価】

　会社が求める成果を実現したかどうかを測ります。売上や利益といった定量的でわかりやすい指標もれあれば、○○を○○の状態にするといった定性的な指標もあります。

　また、最終的な成果だけでなく成果を実現するためのプロセスの遂行度合いも評価指標になります。最終的に成果が出なかったとしても、成果実現に向けて計画を立て施策を遂行したのであれば、一定程度の評価をする必要があります。最終的に成果が出なかった場合にそのプロセスまでも評価しない（低評価）となると、社員は高い目標に挑戦

しなくなります。

このプロセスの遂行には2種類（**図1-23**）あり、1つ目が改善・変革的な要素です。組織的な成果を実現するための新しい取り組みや工夫を行うもので、組織目標によってその内容も変化します。

もう1つが組織の基盤を支える安定的な業務です。会社の業務は改善や変革だけで成り立っているわけではありません。なかには、変化や変革よりも従来の手順に沿ってミスなく遂行することが求められる仕事もあります。労働時間のほとんどをその仕事に費やしている社員もいます。これらの仕事は改善・変革的なものに比べ目立ちにくく、やって当たり前と思われがちです。しかし、こういった業務があるから組織は回っており、会社を支える安定的な利益が生み出されていますので、安定的な業務の遂行も評価要素となります。

◽ 図1-23　プロセス遂行度合による評価

	組織課題解決のための業務	組織の基幹業務	業績・成果
目標の焦点	成果実現の妨げとなっている課題を解決するための施設やプロセス	成果に大きな影響を与える定常的な業務のなかで重要な活動に焦点をあてる	仕事の成果に焦点をあてる
対象	最終成果実現のためのアクションの実行、仕組みづくりや改善	定常的な業務のなかでも重要な活動の期待水準	施策を実行し、重点活動に集中することで起きる最終的な結果や変化
適用例	管理的・企画的な仕事	定常的・現業的な仕事	管理的・営業的な仕事
例	・○件の受注のために○件のアポイント獲得計画を立て実行する ・リピートオーダー獲得のために既存顧客別にヒアリング計画を立て、実践する	・毎月の給与支払業務をミスなく滞りなく行う ・生産計画に従い、定められた品質・量を納期通りに製造する	・売上○○円 ・利益○○円 ・新規契約○件

【スキル評価】

業務を遂行するためには、業界や職種に応じた、あるいは自社独自の技能が求められます。それらを明文化し、習得や習熟を促すものがスキル評価です。必要な技能を明文化しやすい職種や、技能の習得・習熟が組織業績に直結しやすい職種で活用しやすい要素です。逆に、そうでない職種では使い方が難しい要素とも言えます。

【行動評価】

業務に対する取り組み姿勢や会社の価値観に沿った行動、組織風土づくりへの貢献などを評価します。

業績評価やスキル評価は具体的な業務と結びついてるためわかりやすい反面、そこに書かれている内容のみに目が行きがちです。その結果、業績を出せばそれでよい、書かれていないことには取り組まないという問題を引き起こす可能性があります。その傾向が強まると個人主義的になり組織としての成果を生み出しにくくなります。

業績評価やスキル評価の持つデメリットを防止し、組織全体として成果を生み出すためには、組織に好影響を与える言動や組織風土づくりのための行動は不可欠です。

コンピテンシー評価と呼ばれる高業績者の持つ行動特性や思考を基準とする評価手法がありますが、それもここでいう行動評価に含みます。

人事制度の
診断

1. 診断の順番

人事制度に関する全体像や基礎的なことが理解できたら、次は自社の人事制度の実態と運用状況、社員の賃金の実態等を把握します。人事制度がない会社は、社員の賃金実態をしっかりと把握しましょう。

人事制度に限らず、理想の状態に近づくためには、現状を把握し理想とのギャップを埋めていく必要があります。第２章では等級、賃金、評価それぞれの現状把握および課題発見に必要な視点を紹介します。診断の順番（**図2-1**）は、必ず最初に等級制度を確認します。それ以降の賃金や評価はどちらが先でも構いません。

◇ 図2-1　診断の順番について

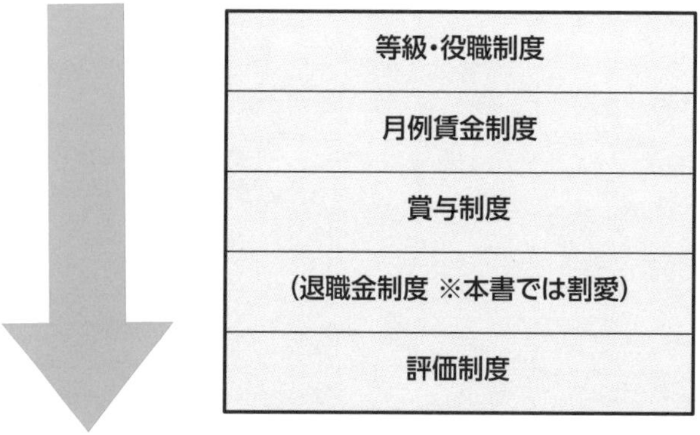
等級・役職制度
月例賃金制度
賞与制度
（退職金制度 ※本書では割愛）
評価制度

2. 等級・役職制度の診断

　等級と役職は関連性の高いものですので同時にみていきます。具体的には以下のことを把握し、何が問題であるかを考えます。

(1)	等級の定義・等級間の定義（求められる事項）の違い
(2)	等級の昇格や降格の要件
(3)	社員の等級格付けの実態
(4)	役職の定義
(5)	役職の登用や解職の要件
(6)	役職登用の実態
(7)	等級・役職と年齢

　そのためには、**図2-2**の情報が必要です。細かく分けて表記しているため必要な情報が多いように見えますが、等級制度や役職制度のある会社であれば比較的簡単に手に入る情報も多いと思います。

45

◇ **図2-2　等級の基軸・階層数、役職の種類等について**

必要な情報	情報が必要な主な理由
等級の種類 （能力、職務、役割）	・能力、職務、役割のどれを採用しているかは人事制度の重要ポイント ・人事ポリシーと採用している制度が合致しているか
等級の階層数	・等級が多いと昇格機会が多く基本給も高くなりやすい
各等級定義や要件および実態	・意味のある階層設定であれば問題ないが、不必要に階層が多いと基本給が高くなりやすい
役職の種類	・役職は組織責任を表しているのか、個人の能力やキャリアを表しているのか
役職の定義や要件および実態	・それは人事ポリシーと合致しているか ・意味のある役職設定であれば問題ないが、不必要な役職があると指揮命令系統が混乱したり、役職手当等の負担増、名ばかり管理職（未払い残業）問題などを引き起こす

等級と役職の対応関係および実態	・等級と連動している基本給、役職と連動している役職手当など賃金とあわせて見ることで、どの組み合わせが高い金額になるのかを確認 ・高い金額を払っている対象と人事ポリシーとが合致しているか
等級と年齢／役職と年齢の実態	・昇格や役職登用に年齢は影響しているのか ・影響している場合、それは人事ポリシーと合致しているか

◉把握する情報について捕捉

等級制度の種類は人事制度の中心となる要素であり、この種類と人事ポリシー、報酬制度、評価制度が一貫し、整合がとれている状態が理想です。

等級の定義が設定されている会社は、そこに書かれている内容・定義文の文末をみればおおよそどの制度を採用しているか把握できます。職務等級と役割等級はどちらも仕事基準の制度ですので表現が似通っていますが、職務等級は多くの場合、職務記述書が用意されており、そちらで見分けることもできます（**図2-3**）。

図2-3　等級の種類・階層数、役職の種類等について

種類	定義の文末
能力等級	～できる、～を身につけている、～能力がある
職務等級	～の業務を担当する、～する、～する責任
役割等級	～する、～している、～する責任、～する役割

役職と等級の対応関係は**図2-4・図2-5**の例のように表やグラフを使って人数も含めて把握しておくとより実態がつかめます。等級と役職の対応関係にルールを定めているのであれば、その運用がルール通りであるかを確認してください。

この情報は基本給に影響を与える等級と、役職手当等に影響を与える役職、それらを合計した賃金総額のバランスを確認するためにも重要な情報です。

賃金と絡めた考え方は第2章3で解説します。

◯ 図2-4　等級と役職の関係（表）

	I等級	II等級	III等級	IV等級	V等級
部　　長	0	0	0	1	3
次　　長	0	0	0	1	1
課　　長	0	0	0	5	1
所　　長	0	0	0	3	0
係　　長	0	1	5	7	1
主　　任	0	5	5	1	1
役職なし	30	29	33	10	0

◯ 図2-5　等級と役職の関係（グラフ）

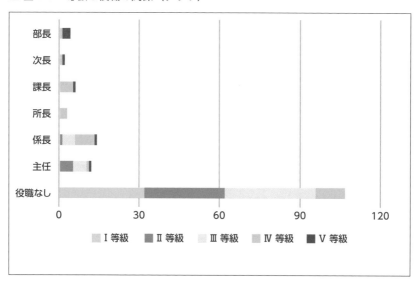

また、等級と役職の関係を整理するもう１つの視点として、組織図に組織責任者の役職と等級を記入する方法もあります。部や課といった組織のレベルを揃えたツリー上の組織図を作り、そこに責任者や実質的にその組織を率いている社員の役職と等級を記入していくと、自社の組織責任と役職、等級の関係が見えてきます（**図2-6**）。

同レベルの組織責任者に同役職、同等級の社員が並んでいるのであれば、役職や等級は組織責任ベースで運用されている可能性が高いと言えます。逆にばらつきが大きいのであれば、個人の能力やキャリアベースで運用されているか、組織図上は同レベルに並べている組織自体に実際は暗黙の優劣がある（例えば営業部長は管理部長より格上など）と言えます。

図2-6　ツリー上の組織図

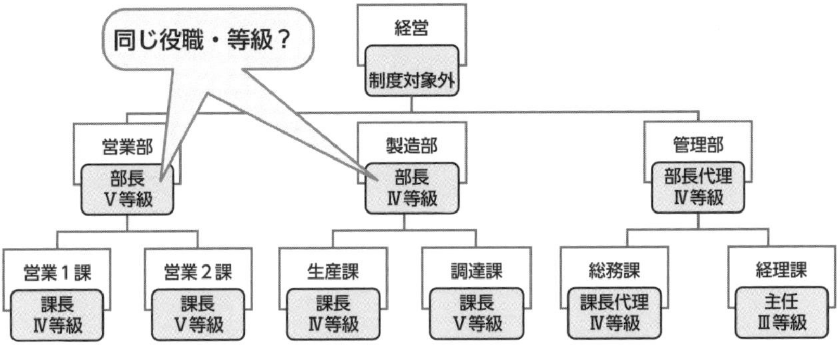

等級と年齢の関係、役職と年齢の関係も次の例のように表（**図2-7**）やグラフ（**図2-8**）を使って人数も含めて把握しておくとより実態がつかめます。例は等級と年齢の表・グラフですが、横軸を役職に変更すれば役職と年齢の関係もわかります。

◐ 図2-7　等級と年齢の関係（表）

	I 等級	II 等級	III等級	IV等級	V 等級
15-19歳	5	0	0	0	0
20-24歳	27	9	0	0	0
25-29歳	0	19	8	0	0
30-34歳	0	6	16	5	0
35-39歳	0	1	14	4	0
40-44歳	0	1	4	8	0
45-49歳	0	0	1	10	1
50-54歳	0	0	1	2	4
55-59歳	0	0	0	0	2

◐ 図2-8　等級と年齢の関係（グラフ）

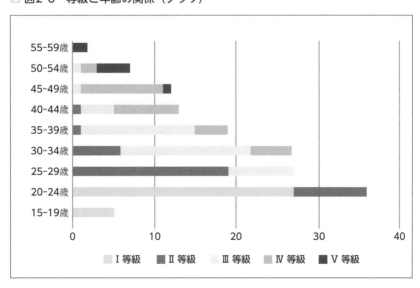

(1)　等級の定義と等級間の定義（求められる事項）の違い

　等級の定義および等級間の定義の違いは、等級定義書や等級説明書をみて把握、判断します。例えばⅠ等級とⅡ等級の違い、Ⅱ等級とⅢ等級の違いのように1つ1つ確認していきます。

● 下の等級より上の等級の方がレベルが高いことが書かれている

● 等級間で求められるレベルの違いがわかる

という状態であれば、等級制度として一定の形をなしています。

　「わかる」は主観ですので、「こういう状態であれば違いがわかると言える」という明確な判断指標の設定は困難です。ただ、2つの等級にまったく同じ内容が書かれていたり、内容は異なるが意味のない差や業務と関係がなく必要のない差が設定されている場合は、定義の設定に問題があります。

　例えば、Ⅰ等級は「挨拶ができる（している）」、Ⅱ等級は「挨拶がしっかりできる（している）」という定義があったとして、その差の違いや差を設ける意味がわからない場合が多いでしょう（接客サービス業などで挨拶マニュアルがあるのであれば話は別ですが）。挨拶は極端な例ではありますが、このような視点で点検してみてください。

　等級定義に問題がある場合、定義を修正します。今はもう必要のない等級なら、その等級の統廃合も検討します。

　等級は基本給水準と関連しており、特に基本給の上限は等級が高くなるにつれて上がっていきます（29ページ「等級別基本給テーブルのパターン」参照）。階段をイメージしてください。5段と10段の階段、どちらが地上から高さがあるでしょうか（図2-9）。階段は段数が多いほど高くなりやすいように、等級も数が増えるとどうしても高さ＝基本給の上限が高くなります。人件費負担も大きくなります。もちろん、1つ1つの等級の上限を低く抑えていくことで全体的な高さの抑制はできますが限界があります。

　この点からも、上下の等級と違いのわかりにくい等級は統廃合を検

討した方がよいでしょう。

◇ 図2-9　基本給テーブルのイメージ

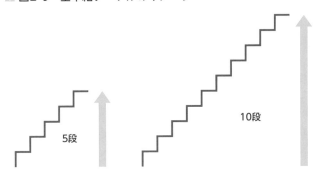

5段

10段

CHECK
POINT

等級の定義は具体的であればあるほどよいのか？

　具体的も抽象的も一長一短です。具体的な方が社員に伝わりやすいのは間違いありません。しかし、能力・職務・役割のいずれであっても、求める事項のすべてを具体的に書き出そうとすると膨大な量になります。そうなると定義を作ること自体の負荷が重く作り切れなかったり、膨大な量の定義を適宜メンテナンスする負荷も重く運用しきれなくなります。

　また、具体的であればあるほど解釈の幅が狭くなり、書かれていないことは求められていない、やらないでよいという誤解が生まれます。具体的過ぎると硬直的で柔軟性にかけるという見方もできます。

　経営を取り巻く環境の変化は速く、必然的に社員にもその変化への対応が求められます。人事制度の軸となる等級制度も変化に柔軟に対応していかざるを得ません。そう考えると人事制度、等級制度も柔軟性を確保しておいた方がよいでしょう。

　ただし、等級は基本給水準と結びついており、社員から見ると等級も高いに越したことはありません。等級間の定義の違いが曖昧な場合、自分も上の等級に相応しいのではないか？　なぜ私は上の等級になれないのか？　どうやったら昇格できるのか？という疑問が生まれます。そのため、前述した「等級間の定義の違い」はわかるようにしておきましょう。

⑵ 等級の昇格や降格の要件

　等級には昇格や降格がつきものです。どのような要件を満たせば昇格あるいは降格するのかを確認します。

- 今いる等級の定義を満たしている、あるいは昇格先の等級の定義を満たすことが期待できることが昇格要件の1つになっている

- 今いる等級の定義を満たしていない、あるいは満たす見込みがないことが降格要件の1つになっている（原則、能力等級に降格はないため能力等級の場合はこの要件がないことが多い）。

　この要件は必須です。この要件がないのであれば等級定義が意味のないものになっています。

　また、「今いる等級の定義を満たしている」と「昇格先の等級の定義を満たすことが期待できる」は視点が違いますので注意してください。

　学校の試験に例えるとわかりやすいですが、「今いる等級の定義を満たしている」とは卒業試験に合格したイメージです（卒業方式）。一方、「昇格先の等級の定義を満たすことが期待できる」は進学希望先の入学試験に合格したイメージです（入学方式（図2-10））。卒業できれば自動的に進学できるのか、入学試験に合格しなければ進学できないのかの違いです。よほど卒業試験が厳しい場合は別ですが、そうでなければ卒業方式のほうが進学者（昇格者）が増えます。昇格者が増えれば基本給も増加していきます。

　さらにここに、等級制度の種類が影響します。役割等級では役職と等級はほぼ一体的な運用ですので、等級定義を満たしていても役職ポストが空いていないと昇格させることができません。そのため、定義を満たしているという要件は昇格候補になる要件の1つに過ぎません。必ず昇格できる要件とは言えず、卒業方式を採用することができません。

　一方、能力等級は役職ポストの制約が役割等級ほど厳密ではありません。加えて、段階的に能力を習得していくことで社員の成長を促す

ことを主目的とした制度ですので卒業方式を使うことができます。つまり、次のような傾向になります。

■ 図2-10　等級の種類・階層数、役職の種類等について

能力等級	今いる等級の定義を満たしている（卒業方式）　※入学方式の場合もある
職務等級・役割等級	昇格先の等級の定義を満たすことが期待できる（入学方式）

　等級定義を満たすかどうかの判定方法については、評価制度の評価結果を用いたり、上長からの推薦、面接、試験、論文など課す企業もあります。

⑶　社員の等級格付けの実態

　⑴と⑵で把握した定義や要件が実際にその通りに使われているのかを確認します。使われているのであれば特に問題ありません。

　使われていないのであれば、その理由があるはずです。複雑すぎる、運用負荷が重く使いにくい、今の会社の実態や目指している姿に合っていないといった理由が考えられます。このような場合、定義や要件を無理に使おうとするのではなく、実態に沿って変更することをおすすめします。変更するためにも、どこが複雑なのか、どこの運用負荷が重いのかといったことをしっかりと把握してください。

⑷　役職の定義の内容

　自社の役職はそれぞれどのような役割、責任や権限があるかを確認します。役職者の職務分掌規程のようなものがある会社は、それをみれば一通りのことが把握できます。しかし、中小企業ではそういったものはないことも多いでしょう。

　その場合、まずは役職が高いと思われる順に並べたうえで、それぞれの組織目標達成に対する責任範囲、部下の有無・範囲、評価権限の

有無・範囲、同部門員に対する教育指導の範囲や責任、必要とされる技能や知見などを、上下の役職との違いに着目しながら確認します（図2-11）。

役職を組織責任の違いをベースに設定している会社では、役職ごとの組織責任や評価権限などの違いが見えやすくなっているはずです。一方、役職を個人の能力やキャリアをベースに設定している会社では、習得している技能や知見などの違いが見えやすいはずです。組織責任ベースの役職と個人の能力・キャリアベースの役職が混在していることもありますが、その場合はどちらが主たる要素であるかも確認します。

仮に自社にとって役職者とは組織責任者であるのであれば、「実際に担っている責任＞技能や知見」のはずです。わかりやすく言えば、技能や知見が不足していても責任を担っているのであれば該当する役職に任命しているはずです。

まだ若い、経験が不足しているなどの理由で、実際の責任より軽い役職につけているのであれば、その会社にとっての役職とは個人の能力やキャリアを表していると言えます。

これらの良し悪しは会社が役職者に何を求めているかによって異なります。役職の定義と自社の役職運用が合致しているのか確認してください。

図2-11 役職の定義の内容について

	組織目標達成に対する責任範囲	部下の有無・範囲	評価権限の有無・範囲	教育指導の責任範囲	必要技能・知見
部長					
次長					
課長					
所長					
係長					
主任					

⑸　役職の登用や解職の要件

　職務等級や役割等級の会社は、等級≒役職のため昇格要件を確認するだけでよい場合もあります。ただ、等級の昇格要件と役職の登用要件が異なる場合、等級≒役職となっていない可能性がありますので、何が異なるのか、実際の運用はどうなっているのかを確認します。

　能力等級の会社では、前述したように、役職を組織責任ベースに設定している会社と、個人の能力やキャリアをベースに設定している会社があります。どちらにせよ要件がはっきりしているのか、自社が求める役職運用と登用要件が合致しているのかを確認してください。

⑹　役職登用の実態

　「⑶　社員の等級格付けの実態」と同じように、⑷と⑸で把握した定義や要件が実際にその通りに使われているのかを確認します。使われていないのであればその理由を明らかにします。まだ若い、役職手当の増加を避けたいなどを理由に、定義や要件を適用せず役職登用しない会社もあります。

⑺　等級・役職と年齢

　年功的な処遇はかつてに比べ薄れてきていると言われますが、昇格や役職登用に一定程度の経験年数を求める会社は今なお多いのではないでしょうか。年功が一概に悪いということではありませんので、意図して年功的な運用を行っているのであれば問題ではありません。

　しかし、比較的若い年齢から役職者として活躍して欲しいと考えていながら年功的な等級・役職の運用になっているのであれば、なぜそうなっているのか把握する必要があります。よくある原因として次の２つがあります。

- 年功を重んじる組織風土
- 昇格や役職登用に一定の年数を必要とする人事制度

　前者を変えることは容易ではありませんが、後者は制度ですので変更可能です。

3. 月例賃金制度の診断

　等級・役職制度の次は報酬制度の現状把握と問題を確認します。報酬制度は月例賃金、賞与、退職金（退職金は本書では割愛）がありますが、まずは月例賃金制度からみていきます。

　月例賃金では具体的には以下のことを把握し、何が問題であるかを考えます。

(1)	年齢別の基本給差、月例賃金差の実態
(2)	等級間・役職間の基本給差、月例賃金差の実態
(3)	基本給の決定ルール
(4)	割増賃金の決定ルール
(5)	手当の決定ルール
(6)	世間相場との比較

　そのためには、**図2-12** の情報が必要です。賃金は等級に比べ個別に異なり、複雑な要素が多いため、把握する情報も格段に多くなります。最低限、実態は把握しておきましょう。実態を把握すればどこに問題がありそうかを見つけやすくなります。

　ただ、なぜその問題が起きているのかは実態だけをみてもわかりません。そこまで知りたいということであれば、制度も見る必要があります。

◇ 図2-12　賃金の情報把握について

必要な情報	情報が必要な主な理由
年齢別・等級別・役職別の 基本給の実態	・ルール通りに運用されているか ・基本給、月例賃金の支払い方は人事ポリシーに 　沿っているか
年齢別・等級別・役職別の 月例賃金の実態	

◉把握する情報について補足

　誰にどれくらいの賃金が支払われているかは、賃金台帳等を用いて確認することができますが、それだけでは現状把握としては不十分です。どのような属性の人にどれくらい支払われているかが重要ですので、属性情報とセットで把握してください。主な属性情報として、図2-13のようなものがあります。

■ 図2-13　等級の種類・階層数、役職の種類等について

属性情報	情報が必要な理由
年齢	年功的要素がどの程度あるのかを把握する
等級	昇格の金銭的影響の実態を把握する
役職	役職登用の金銭的影響の実態を把握する

　この他にも、勤続年数や性別、職種、雇用形態、所属部門などの情報もあると役立ちます(図2-14)。また、賃金台帳等には基本給以外に手当などの情報も載っていますので、それらもあわせて整理しておきましょう。

■ 図2-14　属性と賃金情報の整理フォーム（例）

氏名	年齢	等級	役職	部門		職種	雇用形態	勤続	月例賃金情報										
				部	課				基本給	手当①	手当②	手当③	手当④	手当⑤	所定内賃金	時間外手当	休日手当	深夜手当	月例賃金

(1) 年齢別に見た全体傾向

　年齢別の把握は、横軸を年齢、縦軸を金額にした散布図と呼ばれるグラフを使うと全体像がわかりやすいのでおすすめです（グラフ上の●は各社員を表している）。例えば、紹介しているイメージ図では全体的に年齢が上がるにつれて金額が上がっていること、20代は基本給のばらつきが小さいが30代、40代と年齢が上がるにつれてばらつきが大きくなっていることが読み取れます（**図2-15**）。

🔷 **図2-15　基本給のグラフ**

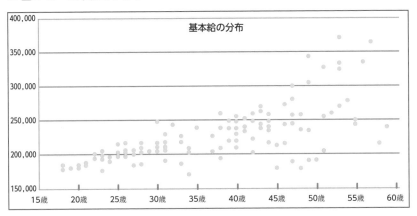

　同じように月例賃金もみてみます（**図2-16**）。それぞれ単体として見るだけでなく、基本給のグラフと比較して見るとより状況が見えてきます。

　例えば、基本給のみのグラフと月例賃金のグラフを比べてみると、20代、30代の金額は基本給のみのグラフと比べて分布が上に広がっており、40代以上との差が縮まっていることがわかります。月例賃金のなかには基本給以外に割増賃金と手当が含まれており、その2つが若い世代に多く支給されているということが読み取れます。

◘ 図2-16　月例賃金のグラフ

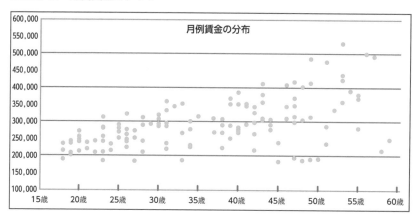

(2)　等級間／役職間の基本給差・等級間／役職間の月例賃金差

　長期雇用・定期昇給を前提としている日本の会社では、長く在籍している方が昇給の機会が増えます。結果として、年齢が高い方が賃金が高くなりやすい状態です。

　そのため、年齢のグラフだけでは問題をうまく捉えられません。そこで等級間や役職間の差については、箱ひげ図と呼ばれるグラフの作成をおすすめします（図2-17）。散布図と違ってグラフの見方が難しいため、読み取り方も載せています。四角の中は50％（半数）の人が収まっている範囲です。四角の中にある横棒が平均値、◇が中央値です。平均はとびぬけて高いあるいは低い金額の影響を受けるため、中央値を見た方がより傾向はつかみやすいでしょう。

　例えば、紹介している役職別賃金のグラフを見ると、おおむね役職が高い方が基本給が高いことがわかります。また、主任と係長を比べると平均や中央値に差がほとんどないことが読み取れます。横軸を等級にして箱ひげ図を作れば、等級別の状況もみることができます。

　同じように月例賃金を役職別にみてみると、基本給のみのグラフと比べ、主任と係長の金額が所長と課長の金額に近づいていることがわかります（図2-18）。この例では所長と課長は割増賃金対象外であることか

◯ 図2-17　基本給の箱ひげ図

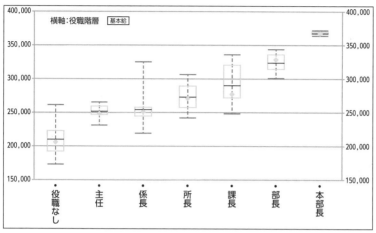

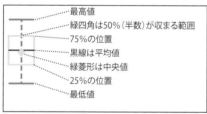

- 最高値
- 緑四角は50%（半数）が収まる範囲
- 75%の位置
- 黒線は平均値
- 緑菱形は中央値
- 25%の位置
- 最低値

◯ 図2-18　月例賃金の箱ひげ図

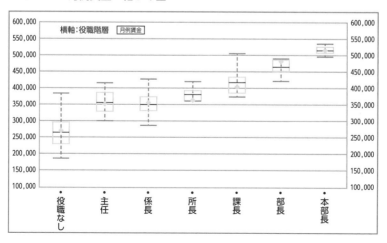

ら、割増賃金支給の有無が大きく影響しているであろうことが読み取れます。

その他にもこのグラフからは、

● 同じ等級や役職でどれくらいの賃金のばらつきがあるか

● 上下の等級や役職との差がどの程度あるか

が読み取れます。同じ等級や役職内で賃金のばらつきが大きい場合、なぜそうなっているのかを確認する必要があります。よくある理由として、

● 毎年の評価（の積み重ね）が異なる

● 入社時の賃金（スタート地点）が異なる

● 職種が異なる

といったことがあげられます。

評価（の積み重ね）が異なるのであれば、それは社員の貢献を適切に反映しようとした結果であり、評価が適切に行われているのであれば悪くはありません。

入社時の賃金（スタート地点）が異なるのであれば、それをいつまでも引きずっている可能性があります。入社時の賃金は前職の賃金や採用当時の環境に依存しており、入社後の貢献とは関係がないことも多いです。にもかかわらず、いつまでもその状態が続いているのは不適切です。どのように是正していくかを考える必要があります。

職種の違いは会社によって考え方が大きく異なる部分です。中途採用を中心とする会社かつ専門性の高い職種を雇用する会社では特に顕著ですが、職種ごとに賃金相場があります。同じ課長を採用しようとしても高い金額でなければ採れない職種が存在します。自社だけではどうしようもない労働市場の需給バランスの問題であり、従うしかないという会社も多いと思います。その場合、職種間の賃金差を基本給、手当、賞与のうちどの項目で反映しているのか、ここに各社の賃金体系が反映されます。

●実態を把握してみて

　月例賃金の実態をグラフ等を作り眺めてみて、会社への貢献と賃金のバランスがとれていると思うのであれば、制度にそれほど問題がないと言えます。

　逆に、貢献と賃金のバランスが悪いと思うのであれば、その状態を生み出している原因がどこかにあります。賃金制度があり、それがしっかりと運用されているのであれば、原因は賃金制度にある可能性が高いでしょう（**図2-19**）。しかし、賃金制度の問題をピンポイントで捉えることはなかなか難しいというのが実情です。

◇ 図2-19　原因を知るために必要な制度の把握

	必要な情報	情報が必要な理由
基本給	基本給テーブルのパターン	・等級間の基本給格差、昇格昇給の大きさ、評価による昇給の大きさは、人件費増加に直結する
	制度上の等級別上限・下限	・基本給水準は他社との採用競争、社員の定着に影響する
	昇給ルール	
割増賃金	支給対象	・残業代が支給されない管理職（管理監督者）の有無を把握する
	支給ルール	・実働時間に基づき計算、固定額＋超過分、みなし労働時間制などの方式があり、それらのルール設定が法令に沿っているかを把握する
手当	各手当の支給目的	・手当は基本給で反映されない要素を補完することが主目的、基本給で支払った方がよい手当を統廃合する
	各手当の支給対象	
	各手当の支給ルール	・支給目的やルールが不明瞭であったり、現在の環境にそぐわない手当を統廃合する

●制度の問題点をより理解するために

　日本企業ではいわゆる定期昇給という考え方が浸透しており、毎年何かしらの賃金改定を行う会社が多いと言われています（厚労省の賃金引上げ等の実態に関する調査では7割以上の会社で行われている）。また、以前に比べ転職が活発に行われているとはいえ、会社では長

期雇用を前提とした採用や教育、配置転換等が行われています。

　この２点（長期雇用と定期昇給）は基本給の問題を考え、さらにその後の制度を作る際にも大きな影響を与えます（**図2-20**）。今どれくらいもらえているかだけでなく、将来的にどの程度の水準に到達できるのか（上限）、そこに至る道筋（昇給ルール）はどのようになっているのかまで含めて賃金制度を見る必要があります。

◀ 図2-20　長期雇用と定期昇給について

長期雇用	将来	基本給の上限	この会社で働き続けるとどの程度の賃金水準に到達できるのか
定期昇給	将来への道筋＋直近の関心事	昇給ルール	どのような働きをすればどのくらい賃金が増えるのか

　「今」どれくらいの金額なのか、「直近」でどれくらい増えるのか、「将来」どの水準まで到達できるのかという３つの時間軸は賃金制度を考えるうえで非常に重要な視点です。

(3)　基本給の決定ルール

▶基本給テーブルの構造と上限下限

　等級や役職は多くとも 10 ～ 20 程度しか種類がありませんが、基本給の金額は社員一人ひとり異なることもあり、等級や役職以上にルールや実態の把握に力を入れる必要があります。

　長期雇用のなかで定期昇給していく会社では、同期入社であっても勤続年数が長くなるほど基本給に差がついていきます。また、中途採用者の多い会社では、毎期の昇給の積み重なりだけでなくスタート地点（入社時）の金額も異なります。スタート地点が違ううえに積み重なり方も異なれば、新卒入社の社員よりもさらにばらつきは大きくなります。

　まず、等級別に基本給の上限・下限および昇給する際に使用される金額の単位（昇給単位）を把握します（昇給単位は、改定ピッチや昇

給ピッチ、あるいは号差金額などと呼ばれることもある）。

この情報がわかれば基本給テーブルのパターン（**図1-13** のシングルレート、接続型、開差型、重複型）も同時に把握できます。

ここでは、簡単な事例を紹介します（**図2-21**）。

◎ **図2-21　基本給の上限・下限、昇給単位の把握（例）**

	下限	上限	昇給単位
Ⅴ等級	410,000円	470,000円	3,200円
Ⅳ等級	340,000円	400,000円	2,800円
Ⅲ等級	295,000円	330,000円	2,500円
Ⅱ等級	235,000円	270,000円	2,000円
Ⅰ等級	180,000円	230,000円	1,000円

グラフにすると次のようになります（**図2-22**）。

◎ **図2-22　基本給の上限・下限、昇給単位の把握（グラフ）**

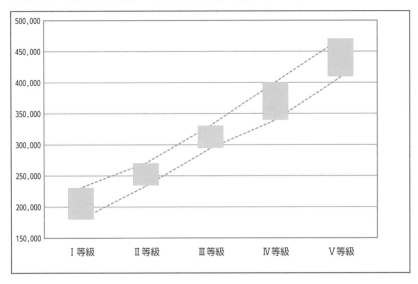

図の 2-21、2-22 を見ただけでは何か問題があるとは言えませんが、特徴として

● 開差型のテーブルである
● Ⅱ等級とⅢ等級は金額の幅が狭くすぐに上限に達してしまいそう
● Ⅱ等級の上限とⅢ等級の下限の差が特に大きく開いており、昇格の際に大きな昇給が発生する

ということがわかります。

こういった会社では、

● Ⅲ等級に昇格できない人は基本給が上がりにくく不満を持ちやすい
● 不満を解消するためにⅢ等級に昇格させると大幅に賃金が上がるため会社の負担が急激に重くなる
● だからむやみに昇格させたくないが、そうすると離職者が増えるということが起こる可能性があります。仮にそういったことが実際に起こっているのであれば、基本給テーブルの構造や上限・下限が影響していると考えられます。

▶昇給ルール

また、昇給ルールに問題があるかもしれません。

基本給テーブルおよび昇給ルールが制度化されている多くの会社では、「昇給額＝評価による昇給幅（号数や倍率）×昇給単位」のような掛け算により決定する仕組みになっています（**図2-23**）。

例えば、昇給幅はA評価で2号、昇給単位はⅡ等級2,000円の場合、

◁ **図2-23 昇給ルールについて**

評価による昇給幅（号数や倍率）	×	昇給単位（ピッチ）
・評価に応じて昇給幅が変わる（号俸表の場合は昇給幅＝昇給号数、範囲給の場合は昇給倍率） ・昇給幅は常に固定されている場合と業績等により変動する場合がある		・等級ごとに設定されている ・金額は常に固定されている場合と業績等により変動する場合がある

4,000 円昇給します。

よくある問題としては、

● 昇給単位が小さく社員が昇給額に満足していない

● 評価による昇給幅の差がなく、よい評価をとる意味がない

● 評価による昇給幅の差がなく、中途入社時の賃金差がいつまでも埋まらない

といったことがあります。

⑷　割増賃金制度の決定ルール

割増賃金制度で起こる問題は大きく2つあります。

● 割増賃金（深夜手当除く）が支払われない管理職の賃金が非管理職より低くなる逆転現象

● 法律に則った支払いが行われていない

1つ目の問題は割増賃金制度だけでは対応できません。非管理職の残業時間を抑制できるのであればそれを優先すべきです。できないのであれば、割増賃金の代替として支給される管理職手当、あるいは管理職の基本給を増額するなどで対応する必要があります。

2つ目の問題は賃金格差とは別視点の話ですが、労務リスクという観点で重要なことですのでここで紹介しておきます（**図2-24**）。

▶ 図2-24　割増賃金の情報把握について

必要な情報	情報が必要な主な理由
支給対象	・残業代が支給されない管理職（管理監督者）の有無を把握する
支給ルール	・実働時間に基づき計算、固定額＋超過分、みなし労働時間制などの方式があり、それらのルール設定が法令に沿っているかを把握する

第1章　人事制度の基礎知識で紹介したように、割増賃金には割増率等に関する法律があります。

ただ、その支払い方は１つではなく、いくつかのパターンがあります(**図2-25**)。自社がどのパターンを採用しているのか把握しましょう。注意点として、みなし労働時間制はどのような職種でも適用できるわけではありません。対象となる働き方や職種に加え、就業規則の定め方や労使協定などの要件がありますので注意が必要です。

図2-25　割増賃金の支払い方

実働時間に基づき計算	・原則的な方法 ・実際の時間外勤務や休日勤務、深夜勤務に応じて支給する（毎月変動する）
固定額＋超過分	・定額残業代や固定時間外手当とも呼ばれ、実働時間に関わらず固定的な金額を支給する ・ただし、実働時間に基づいて金額を別途計算し、その金額が固定額を超える場合、差額（超過分）も支給する必要がある
みなし労働時間制（固定額のみ）	・「事業場外のみなし労働時間制」「専門業務型裁量労働制」「企画業務型裁量労働制」が法律により定められている ・法律が定める要件を満たす場合、１日の労働時間を○時間と定めることができ、実働時間に関わらずその時間に応じた割増賃金を支払う（例：１日の労働時間を９時間とみなした場合、実際の労働時間が何時間であろうと法定労働時間８時間を超える部分＝１時間分を時間外手当として支払う）

(5)　手当の決定ルール

手当も割増賃金と同様に支給対象と支給ルールを確認します（**図2-26**)。基本給や割増賃金に比べて簡単に設定でき自由度が高いため、整合性を考えずに安易に設定している会社があります。なぜ・何のためにその手当が支給されているのか、その目的もあわせて把握することをおすすめします。

手当制度でよくある問題には次のようなものがあります。

- 特定の個人や一時期の特殊な事情により支払われている手当

- 基本給を算定基礎とする賞与や退職金を抑制するために手当として支給しているが、その意味合いは実質的に基本給と同じ
- 支給対象や要件が曖昧で、支給されている人とされていない人の違いが説明できない

基礎知識でも述べた通り、手当は基本給では補えない要素を補完するものです。職種関連手当、地域・異動関連手当、生活関連手当以外は必要最小限に留めた方が制度としては使いやすいものになります。

図2-26　各手当の情報把握について

必要な情報	情報が必要な主な理由
各手当の支給目的	・手当は基本給で反映されない要素を補完することが主目的、基本給で支払った方がよい手当を統廃合する ・支給目的やルールが不明瞭であったり、現在の環境にそぐわない手当を統廃合する
各手当の支給対象	
各手当の支給ルール	

(6)　世間相場との比較

賃金水準が世間と比べてどの程度であるかは、社員の採用や定着に大きな影響を与えます。仕事を選ぶ基準は賃金だけではなく、やりがいや社内の人間関係、自身の成長につながるなど人によってもさまざまですが、賃金が世間相場や競合他社に比べて大幅に見劣りすると、人材の確保が難しくなります。自社の水準が他社と比べてどの程度の位置であるか把握しておくべきです。

世間相場の情報として最も簡単に手に入る情報は、厚生労働省の「賃金構造基本統計調査」です。都道府県別・産業別・規模別・年齢階級別などさまざまな情報を見ることができます（**図2-27**）。月例賃金だけでなく賞与の情報も手に入りますので、賞与の世間相場比較にも活用できます。

◆ 図2-27　賃金構造基本統計調査の例

令和4年賃金構造基本統計調査
都道府県別第1表　　都道府県、年齢階級別きまって支給する現金給与額、所定内給与額及び年間賞与その他特別給与額

表頭分割	01
都道府県	山梨
産業	産業計

区 分	企業規模計（10人以上）								1,000人以上							
	年齢	勤続年数	所定内実労働時間数	超過実労働時間数	きまって支給する現金給与額		年間賞与その他特別給与額	労働者数	年齢	勤続年数	所定内実労働時間数	超過実労働時間数	きまって支給する現金給与額		年間賞与その他特別給与額	労働者数
						所定内給与額								所定内給与額		
	歳	年	時間	時間	千円	千円	千円	十人	歳	年	時間	時間	千円	千円	千円	十人
男　女　計	44.4	12.5	166	12	315.4	287.7	757.2	16 103	43.1	14.1	160	17	367.6	326.8	1209.3	3 274
〜19歳	19.0	0.8	167	14	194.0	171.8	110.1	119	19.2	1.0	162	25	222.9	177.2	191.8	35
20〜24歳	22.8	2.2	166	13	224.7	203.0	345.7	1 229	23.1	2.5	160	22	265.3	226.1	636.2	251
25〜29歳	27.5	4.5	166	16	271.3	238.6	644.5	1 597	27.4	4.8	159	25	318.6	264.9	1033.7	367
30〜34歳	32.3	7.0	166	15	296.8	263.8	722.6	1 466	32.5	8.0	160	22	362.6	309.0	1051.7	285
35〜39歳	37.5	9.9	165	14	316.3	284.0	777.5	1 613	37.7	10.7	159	18	367.4	323.4	1137.0	413
40〜44歳	42.7	12.0	166	13	334.9	305.1	856.9	1 989	42.5	13.1	161	16	406.7	364.6	1355.9	388
45〜49歳	47.6	14.6	165	13	351.4	320.5	933.0	2 226	47.6	18.1	158	16	416.7	370.8	1421.0	433
50〜54歳	52.4	17.2	167	11	361.9	334.6	968.1	2 017	52.5	20.5	163	13	408.0	369.8	1481.0	429
55〜59歳	57.4	20.0	167	10	350.1	325.2	960.5	1 810	57.2	23.4	161	11	403.3	372.4	1537.8	406
60〜64歳	62.2	18.9	165	8	312.5	293.0	598.7	1 285	62.3	23.0	159	6	319.3	304.7	1047.3	199

出典：厚生労働省ホームページ（統計表の詳細は e-Stat 参照）

4. 賞与制度の診断

　月例賃金の次は賞与制度をみていきます。具体的には**図2-28**のことを把握し、何が問題であるかを考えます。

　賞与も賃金の一部ですので、基本的な考え方は月例賃金と同じです。

(1)	年齢別の賞与差の実態
(2)	等級間・役職間の賞与差の実態
(3)	賞与の決定ルールと支給目的の整合
(4)	世間相場との比較

◇ 図2-28　賞与制度について

必要な情報	情報が必要な主な理由
年齢別・等級別・役職別の賞与の実態	・ルール通りに運用されているか ・賞与の支払い方は人事ポリシーに沿っているか

　⑴年齢別の賞与差の実態、⑵等級間・役職間の賞与差の実態、⑷世間相場との比較は月例賃金と同じですので割愛します。

▶賞与の決定ルールと支給目的の整合

　月例賃金と異なる点は、手当や割増賃金といった要素がない代わりに、「算定期間の利益の社員への還元」と「生活給の一部（基本給の延長線)」という２つの要素で構成されていることです。会社によってどちらに重きを置いているかは異なりますが、「業績が著しく悪い場合は賞与を支給しないことがある」という趣旨の規定を設けているところは、利益還元を基本と考えていると言ってよいでしょう。

　ただ、そのような規定を設けていてもそれはあくまで万が一のためであり、実際には業績に関係なく月給の○カ月分は固定という支払い方の企業もあります。このような会社は、改めて自社にとっての賞与

とは何のためにあるのかということを見つめなおす必要があります。

　目的を再確認したうえで、賞与の決定ルールを確認します。基礎知識で紹介した通り、利益還元方式の代表的な手法として配分点数表方式があります。一方、生活給色の強い方式として基本給連動方式があります。利益還元を重んじているが、賞与の決定ルールは基本給連動方式を採用しているという会社は、実際には思ったほど期間中の利益に貢献した社員に還元できていない可能性があります。

5. 評価制度の診断

次に評価制度を診断します。評価制度では具体的には以下のことを把握し、何が問題であるかを考えます。

(1)	どの要素を評価しているか
(2)	目標や評価基準の内容、評価の内容
(3)	評価のフィードバック、評価と報酬の関係の理解
(4)	評価結果の分布
(5)	評価者の運用負荷

そのためには**図2-29**の情報が必要です。評価制度マニュアル等のある会社であれば比較的簡単に手に入る情報です。マニュアル等がない場合でもすでに知られている情報が多いはずです。

◇ **図2-29　評価制度の情報把握について**

必要な情報	情報が必要な主な理由
評価シート	・何を評価しているのか、どのように点数をつけるかなど評価制度の全体像を確認する
評価基準一覧	・評価シートを見ただけでは把握できない基準や難易度の全体バランスを確認する
目標の立て方	・誰がどのように目標を立てるかを確認する。目標の質は業務遂行、組織業績の達成に大きな影響を与える
評価期間	・いつからいつまでの評価がどのタイミングの昇給や賞与に反映されるかを確認する
評価のフィードバック方法	・評価のフィードバック方法は評価制度の目的の１つである社員の成長に大きな影響を与える

(1)　どの要素を評価しているか

基礎知識で紹介したように、評価は業績評価、スキル評価、行動評価の３つに大別されます。業績評価のみを採用している場合、数字や

成果に現れない貢献や評価制度の目的の1つである人材育成としての要素を反映しにくくなります。

　業績評価やスキル評価は職種によっては使わない場合もありますが、行動評価の要素はどのような職種でもあった方がよいでしょう。

(2) 目標や評価基準の内容、評価の内容

　目標や評価基準が社員にわかりやすいか、実態に即したものであるかということは、社員の評価制度に対する理解や評価制度を使ったマネジメント、人材育成など評価制度の目的の達成にも影響します。

▶業績評価

　業績評価を採用している場合、次のことを確認します。
- 社員各人の目標は組織の目標や課題とリンクしているか
- 目標の水準（難易度）を考慮するか
- 最終成果のみを評価するか、プロセスまで評価するか

　目標を適切に立てられるかがカギになります。

　業績評価で測る指標には売上や利益といった会社業績そのものと、その達成のための具体的なプロセスがあります。社員各人が組織の目標や課題から個人の目標を考え、個人の目標を達成すれば組織の目標も達成しているという状態であれば、組織としては目標設定が機能していると言えます。

　ただし、個別で見ると誰かに負担が偏っていたり、簡単な目標を立てて達成した人と難しい目標を立てて達成した人がいる場合もあります。難しいことに挑戦した人が損をする仕組みになっていないかも確認します。

　ここで、簡単や難しいといった難易度は何を持って判断するのかが問題になります。基準には本人の満足基準、上司の期待基準、組織の定めた基準の3つがあり（図2-30）、原則、組織の定めた基準を基に判断します。組織の定めた基準とは、事業計画や等級・役職の定義、要

74

件などを基に、該当する等級・役職の社員にどのレベルの貢献を求めるかを想定するものです。

　単純に考えると、等級や役職が同じであれば同じレベルの貢献を求める＝同じ難易度の目標設定を求めるということです。

◇ **図2-30　業績評価の3つの基準**

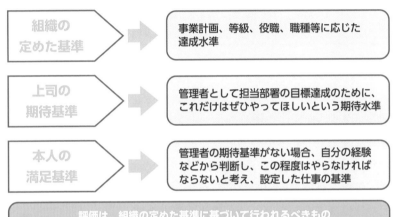

評価は、組織の定めた基準に基づいて行われるべきもの

　しかし、実際には同じ等級や役職でも力量や経験には差があり、同じレベルの目標設定ができるとは限りません。その場合、目標の水準と評価のつけ方の関係から、問題のない運用がなされているかを確認します。

　一番よい形は、個人の目標が会社が等級や役職に求める標準的なものとなっており、その目標を達成した時には標準的な評価が獲得できるパターンです（**図2-31**の左パターン）。結果がその目標を上回ればよい評価に、下回れば悪い評価になります。

　ただ、昇格直後であったり役職に就いたばかりで標準を下回る目標を設定せざるを得ない場合があります。この時、その目標を達成した時には標準を下回る評価になるというのであれば、目標と評価のバラ

◘ 図2-31 標準的な評価のパターン

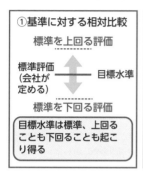
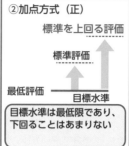
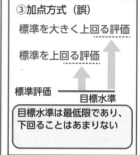

ンスは取れていますし、標準以上の目標を設定した人とのバランスも取れています（**図2-31**の中心のパターン）。

　評価制度として誤っているのは、標準を下回る目標を設定しているにも関わらず、その目標を達成すると標準的な評価が得られる時です。これは簡単な目標の設定を誘発したり、社員全員が目標を達成しても組織の目標は達成しないという状態を招きます。

　また、業績評価の対象を売上や利益といった最終成果のみとしているか、最終成果を生み出すための施策やプロセスまで対象としているかも、評価制度が効果的に運用されているかを確認するうえで重要です。

　最終成果のみの場合、その成果を生みだそうとしたプロセスが評価に反映されません。「結果が伴わなかったプロセスに意味はない」と切り捨ててしまうと、社員は挑戦的な目標、難しい目標に挑戦しなくなります。「結果は出なかったがそのプロセスには見るべきところがあった」としても、未達成でひとまとめにされ今後に生かされなくなります（業績評価以外の部分でプロセスを評価する場合は除く）。

▶ **スキル評価**

　スキル評価を採用している場合、次のことを確認します。

● スキル基準は実態に即しているか

● スキルの保有、発揮、習得のいずれを評価しているか

　業種にもよりますが、スキル評価を採用している会社では、必要なスキルを業務内容や工程別に詳細に設定しているところが多いのではないでしょうか。

　詳細に設定すると項目や基準の数も多くなり、その内容のメンテナンスに負荷がかかります。結果として、技術革新や新しいシステムの導入にスキル評価の基準が対応できず形骸化していきます。基準はいつごろ作られたもので、どのような頻度や方法でメンテナンスされ、最新の状態に保たれているかを確認します。

　もう1つのポイントはスキルをどう評価しているかです。スキルは「保有している」、「発揮している」、「獲得する」の3つの形が評価の対象として考えられます。

　発揮スキルは業務の貢献に直結していますが、保有スキルは現在の貢献につながっていない場合があります。また、スキルの獲得はすぐに業績に貢献する場合と、社員の育成や将来的な貢献につながることを期待している場合があります。後者は、短期的な貢献にはつながりません。

　自社がスキル評価を行う目的と評価方法が合致しているのかを確認します。

▶行動評価

　行動評価を採用している場合、次のことを確認します。

● 基準は一律か、あるいは等級や役職等の階層別か

● 評価者の目線合わせ・求める人材像の共有が行われているか

　行動評価は業務に対する取り組み姿勢や会社の価値観に沿った行動、組織風土づくりへの貢献などを評価しますが、求める貢献は社員全員一律ではありません。組織内でのキャリアや等級、役職に見合った貢献というものがあります。成果を生み出す社員の土台となってい

る部分でもあり、土台は一朝一夕でできあがるものではありません。

　以上のような観点から、行動評価の基準は、等級や役職の下位層から上位層に向けて段階的に上がっていく形が適しています。

　また、行動評価は業務に直結している業績評価やスキル評価に比べ、どうしても抽象的な基準になります。これは評価基準をどのように設定しようとも避けることができず、評価者研修や評価者間のミーティングなどを通した日ごろの目線合わせや、求める人材像の共有を繰り返し行う必要があります。

(3)　評価のフィードバック、評価と報酬の関係の理解

　評価の点数や記号、そう判断した理由、よかった点・改善が必要な点などを社員にフィードバックしているか、社員はその点数や記号がどのように昇給や賞与につながるか理解しているかを確認します。

　せっかく評価を行っても、その結果やそうなった理由を社員が知らないのであれば意味がありません。また、結果だけを社員に知らせ、その判断根拠を示さない場合、社員は来期に向けて何をどう改善すればよいのかわからず、育成効果はほとんどありません。評価は昇給や賞与を決めるためだけにあるわけではありませんので、これらのフィードバックが適切に行われているか確認します。

(4)　評価結果の分布

　どの評価が一番多くつけられているかを確認します。例えば**図2-32**のようにSABCDの５段階評価でB評価を標準的な評価と定めている会社があり、A評価が半数を占めているとします。会社業績が好調で、どの社員も優れた成果や貢献ということであれば構いませんが、そうでないのであればどこかに問題があります。よくある問題として、次のようなものがあります。

● 目標や評価基準の水準が低く、よい評価をとりやすい
● 評価者が部下に甘い

- 評価者がB評価（標準的な評価）を「期待通り」ではなく価値が低いものと捉えている

評価結果の分布は昇給や賞与にも影響するため、何が原因なのか把握しておく必要があります。

図2-32　評価結果の分布例

	判定基準	評価結果
S評価	目標や基準を大きく超える非常に優れた成果や貢献	10%
A評価	目標や基準を超える優れた成果や貢献	50%
B評価	目標や基準に沿った期待通りの成果や貢献（標準）	25%
C評価	目標や基準を下回る改善が必要な成果や貢献	10%
D評価	目標や基準を大きく下回る大幅な改善が必要な成果や貢献	5%

(5)　評価者の運用負荷

評価制度の適切な運用は、評価者がどのように評価をつけるかにかかっています。それは、多忙な現場の管理職がどこまで評価に時間をかけられるかに左右されます。よりよい組織マネジメントや人材育成のためにも評価には時間を割いてもらいたいところですが、それができるかどうかは、評価者の管理者以外の業務ウェイト（プレイングマネージャーの「プレイング」の部分）の大きさにもよります。

評価制度の運用が大変で使いこなせないということであれば、評価項目を減らすなどシンプル化するか､「プレイング」の負荷を軽減する必要があります。

6. 診断を踏まえて、改善策を考えるために

　ここまで各制度を診断する視点、どういった問題が起きやすいか、その背景としてどのようなことが考えられるかを紹介してきました。次はそれをどのように改善していくかを考えます。ただ、改善方法（人事制度の作り方）を知らないことには具体的に何をすればよいのか考えることができません。

　そこで次章からは、等級制度、月例賃金制度、賞与制度、評価制度の作り方について紹介します。

第 3 章

等級制度の
作り方

1. 等級制度作りの流れ

(1)	等級の種類（能力、職務、役割）の選択
(2)	等級の階層数
(3)	等級の定義（求める要件）
(4)	等級と役職の対応
(5)	等級の仮格付け
(6)	運用ルール（昇格・降格の基準等）

(1) 等級の種類（能力、職務、役割）の選択

　等級制度を検討する際にまず行うことは、能力等級、職務等級、役割等級のどの制度にするかの選択です。それぞれの特徴については基礎知識で紹介した通りです。

(2) 等級の階層数

　次に等級の階層数を決めます(図3-1)。適正数は選択した等級の種類や会社の状態によりますが、等級ごとに定義（その等級に求める要件）を設定するため、階層数が多いと定義の違いを書き表すことが難しくなります。

◪ 図3-1　等級の階層数について

等級の階層数の影響

【少ない】
昇格機会が少ない
基本給上限を抑制しやすい
等級間の違いが明確

【多い】
昇格機会が多い
基本給上限が高くなりやすい
等級間の違いが曖昧

　また、階層数が多いと昇格の機会も多くなります。基本給の上限は等級別に設定されることから、階層数が多いと基本給の上限が高くなりやすい傾向にあります（**図3-2**）。これを嫌って上限金額を抑制しようとすると、等級間のメリハリがなくなります（**図3-3**）。金額のメリハリがないと、昇格による金銭的な魅力も小さくなります。

図3-2　等級が多く等級間の金額のメリハリをつける→上限が高くなりやすい

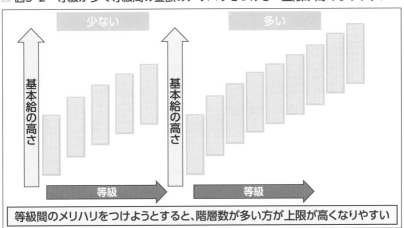

図3-3　等級が多く上限を抑制→等級間のメリハリがない

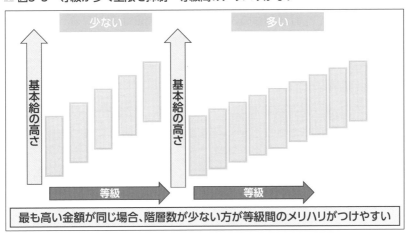

　一方、階層数が少ないと昇格の機会が少なくなり、同じ等級に留まる期間が長くなります。昇格をモチベーションとした人事管理が難しくなり、社員も自身がどのように成長しキャリアアップしていくのかわかりにくくなります。

　そのため、昇格がなくともモチベーションが維持できる仕組みやキャリアステップがわかる方法をセットにしておく必要があります。

　このように等級の階層数は賃金や社員のモチベーション、キャリアに大きな影響を与えるため、会社の現状や将来像を十分に考慮して決定すべきです。

　ただ、実際に等級制度を作ったり見直す時、検討の初期段階から適切な等級数を決めることは困難です。最初は大まかに考え、必要に応じて細分化していく方が現実的でしょう。この大まか→細分化の考え方は等級の種類によって異なります。

⑶　等級の定義（求める要件）

　階層数を大まかに決定したら、次に階層ごとの定義（求める要件）を検討します。定義の内容は能力、職務、役割のどれを選んだかによって異なります。

能力等級	仕事をするために必要な能力は？
職務等級	仕事自体の内容、価値、難易度は？
役割等級	仕事を通して求める役割や成果責任は？

　どれを選んだとしても、自社の仕事に従事する社員のための制度という点は共通です。

　そう考えると、どれを採用したとしても、仕事を中心にしたアプローチをした方がよいことがわかります。具体的な定義の考え方は後述（92ページ）します。

⑷　等級と役職の対応

　基礎知識で紹介した通り（**図1-10 参照**）、能力等級と職務等級・役割

等級で異なります。職務等級・役割等級では等級と役職は一体的な運用のため、等級の階層数とあわせて検討します。能力等級の場合のみ、どの等級であればどの役職に就くことができるのか、その対応関係を整理します。

⑸ 等級の仮格付け

　⑴～⑷までが等級制度のフレームです。フレームを決定したら、次は社員一人ひとりがどの等級に該当するのか、⑶で設定した定義、⑷で設定した等級と役職の対応関係に沿って格付けします。職務等級と役割等級は役職が明確であれば等級も明確です。能力等級の場合と、職務等級や役割等級でも役職のない社員の場合は判断が難しくなりますが、ここでは制度検討段階での仮格付けです。迷ったらひとまずどこかに格付けしておき後から見直します。

⑹ 運用ルール

　最後に昇格・降格の基準やルールを検討します。役職と一体的な職務等級や役割等級では、役職登用基準も兼ねることになります。
- 卒業方式か入学方式かの選択
- 過去の評価実績（例：A評価を3年以上など）
- 面談や論文、昇格試験の有無等

　現在の等級の定義を満たせば次の等級に昇格する卒業方式か、次の等級の基準を満たす（見込みがある）場合に昇格する入学方式か、これが重要です。等級制度の診断でも紹介した通り、どちらを選ぶかは等級の種類にもよります。能力等級は卒業方式を使用でき、職務等級と役割等級は入学方式になります。能力等級の場合、等級定義よりもさらに具体的・詳細な基準を設定し、その基準をクリアした場合に卒業とすることもあります。

　卒業方式であっても入学方式であっても、評価実績は目に見える判断指標として役立ちます。評価がよいということは、卒業方式では現

在の等級に求められる要件をクリアしているという直接的な指標になります。入学方式では、「名選手、名監督にあらず」と言われるように現在の等級での評価がよいからといって上の等級の要件を満たすかどうかはわからない部分がありますが、少なくとも一定の力量を持っていることの証明であり、期待値の判断としては活用できます。

　最初の検討段階でできることはここまでです。等級制度は賃金制度や評価制度に影響を与えるため、賃金制度や評価制度を具体的に作る際に等級と齟齬が出る可能性があります。

　本来であれば等級制度を優先し、賃金制度や評価制度を等級制度と齟齬がないようにすべきです。ただ、特に賃金の問題は調整が難しく、やむを得ず等級制度側を賃金制度に合わせざるを得ないということもあります。どちらを優先するにせよ、人事制度の一貫性を確保するためには、等級制度と賃金制度・評価制度には齟齬がないようにしておく必要があります。

2. 等級制度の種類の選択

　第1章　人事制度の基礎知識で紹介した等級制度の種類（11ページ）と向いている会社の表（**図1-3** 参照）を参考に、自社に適したものを選択してください。

◆ **図1-3　人事制度のつながり②（再掲）**

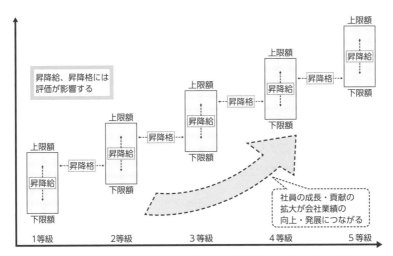

等級別に賃金の上限・下限が決まっている	等級制度と賃金制度のつながり
等級別に昇降給の金額幅が決まっている	等級制度と賃金制度のつながり
昇降給は評価結果によって異なる	賃金制度と評価制度のつながり
昇降格は評価によって決まる	等級制度と評価制度のつながり

3. 等級の階層数の考え方

　前述の通り、等級の階層数を最初から適切に設定することは難しく、大くくりで考えていった方が現実的です。

　等級制度がない会社、あるいは等級制度の種類を変更したい会社の場合（例：能力等級→役割等級）、最も簡単な方法は、事例等を使い自社用にアレンジすることです。何もないまっさらな状態から考えようとしても手掛かりがないと先に進めません。書籍やインターネット等で事例を入手するところから始めてもよいでしょう。

　ただし、職務等級は日本で採用している企業が少なく、自社に適した事例を見つけることは困難です。職務等級の場合は自社独自で考えていくしかありません。

　また、事例を何のアレンジもせずにそのまま使うことは避けてください。事例はあくまで事例であり、自社には合わない部分があります。以下の内容も参考に必ず自社に合うかを確認し、必要に応じてアレンジしてください。

▶能力等級の階層数

　能力等級は環境が逆境となり採用している企業は減少傾向ですが、広く普及した制度のため事例も手に入りやすいと言えます。

　よくある能力等級の設定として、社員を以下の3階層に大まかに区分し、さらにそのなかを小さく区分する方法があります。

- 一般層（定型的な業務〜一部判断が必要な業務を遂行できる能力が必要）
- 中間層（後輩を指導したり現場を監督できる能力が必要）
- 管理層（組織をまとめ動かすことができる能力が必要）

　能力等級の階層数は能力の境目の数であり、能力の成長ステップの

数とも言えます。判断がつかない場合は、ひとまず3つずつに分けて
みましょう。一般、中間、管理それぞれを3つに分けるので合計9階
層になります。

▶職務等級の階層数

　基礎知識で紹介したように、職務ごとに職務記述書を作ります。賃金
水準や賃金制度との連携は職務価値のグループで管理します。

　職務等級は仕事の等級ですので、仕事の数だけ等級があるとも考え
られますが、それをそのまま等級階層にしようとすると非常に数が多
くなります。現実的には、具体的な仕事内容は異なったとしても会社
としての価値（職務価値）が同じものは1つのグループにして同じ等
級として扱います。

　そのため、次のことが必要になります。

- 何階層（グループ）作るのかを決める
- 職務価値を何かしらの方法で測り比較する（点数・指標化する）
- 点数・指標化したものをグループに当てはめるルールを作る

　日本企業では職務等級を導入している企業が少なく、事例を見なが
ら何階層が適切かを判断することは困難です。職務等級は役割等級と
共通点が多く、役割等級の方が職務等級より浸透しているため、役割
等級の階層事例を参考にした方がよいでしょう。

▶役割等級の階層数

　役割責任を役職と置き換えると、役職階層の数が等級階層の数にな
ります（図3-4、図3-5）。ただ、役職のない階層をまとめて1つの階層
にすると昇格の機会が非常に少なくなるため、非管理職階層は役職に
こだわらず社員の役割や責任の拡大ステップを考慮して設定します。

　例えば、新卒で入社してしばらくは役割や責任が軽微な仕事しか任
せられていないはずです。お客様の対応をするにしても、上司や先輩
が同席したり、同席せずとも逐一報告し指示を仰ぎます。これを1階

層目とします。

そこから一定期間を経て仕事の習熟が認められると、１人でお客様を担当するようになります。新人のころに比べて仕事の裁量も広がり、いわゆる１人前として認められる段階です。これを２階層目とします。

さらにそこから、管理職の補佐役としてチームをまとめたり、同僚や後輩の指導を任せられる立場になっていきます。これを３階層目とします。

こう考えると、管理職でない階層には３階層あることになります。２階層目や３階層目に主任や係長という役職名をつける会社であれば、役職と階層は一体的な運用ですが、そのような役職名を使用しない会社でも、役職のない階層を分けた方が使いやすい制度になります。

注意点として、役職名がない階層を区分したとしても能力等級ではありませんので、能力があるかどうかの判定ではなくその役割や責任を実際に担っているかで判断してください。

仮に非管理職の階層を３階層とし、その上に課長の階層、部長の階層を設定すると全部で５階層になります。大きな会社であれば非管理職階層が４階層であったり、課長の上に本部長や事業部長と呼ばれる階層があることも考えられます。このように考えると、全部で５～７階層くらいが役割等級の標準的な階層数と言えます。

◇ 図3-4　役割等級の階層数例

Ⅴ等級	部長
Ⅳ等級	課長
Ⅲ等級	主任
Ⅱ等級	役職なし
Ⅰ等級	役職なし

Ⅵ階層	部長
Ⅴ等級	課長
Ⅳ等級	係長
Ⅲ等級	主任
Ⅱ等級	役職なし
Ⅰ等級	役職なし

Ⅵ階層	本部長
Ⅴ等級	部長
Ⅳ等級	課長
Ⅲ等級	主任
Ⅱ等級	役職なし
Ⅰ等級	役職なし

Ⅶ等級	本部長
Ⅵ階層	部長
Ⅴ等級	課長
Ⅳ等級	係長
Ⅲ等級	主任
Ⅱ等級	役職なし
Ⅰ等級	役職なし

◇ 図3-5　役割等級の定義例（再掲）

等級	役割責任	役職
Ⅴ	（マネジメント職の役割責任） 会社の基幹事業・中枢機能の責任者として経営首脳の意思決定を補佐し、中長期の事業計画を立て、その組織的な実行体制を整備して継続的な業績と成長性を確保する。 （専門職の役割責任） 業界をリードする高度な理論と組織的ノウハウの蓄積に基づいて、会社の基幹事業で扱う専門分野全体に関する戦略的意思決定を担当する。高度な専門家的立場から経営首脳の意思決定を補佐する。担当事業領域における市場競争力と成長性を確保する。	部門長 上級専門職
Ⅳ	（マネジメント職の役割責任） 担当組織の責任者として上司を補佐しながら担当部門の最適な組織目標を設定・実行する。部下・チームに最適な役割・目標を与え、その成果実現のための必要な組織体制や働きやすい環境を整備して期間業績を確保する。 （専門職の役割責任） 高度な経験・判断に基づいて、所属組織の専門ノウハウに関する開発や問題解決、意思決定をリードし、要求される専門機能を提供する。新しい技術やノウハウを確立し、効果的な指導によりチームの能力・技術水準を高める。	課長 中級専門職
Ⅲ	（指導職の役割責任） 組織的な判断を要する応用的な業務を担当する。幅広い裁量や創意工夫により、顧客の期待に応え業績に貢献できる成果を実現する。担当業務の役割責任に基づいて効果的な目標を設定し、メンバーに対し自ら模範となって実行を指導する。主体的に新しい技術やノウハウを試みながらチームの能力水準を高めていく。	主任
Ⅱ	応用動作を伴う比較的定常的な業務を担当する。 自分の担当範囲に責任を持ち、自己の経験と判断を加味して顧客や組織の期待に応える高品質の成果を出す。 組織の基本的なルールを理解し、仕事の目的に照らして自分で判断すべきことと上司や先輩に判断を仰ぐべきことを使い分ける。直接担当する業務外であっても積極的に他のメンバーに協力し、所属チームの生産性向上に貢献する。	—
Ⅰ	比較的短期間に習得できる定型業務を担当する。 業務マニュアルや経験者の指導に基づいて任務を忠実に実行し、仲間と協力してスピーディに正しい成果を出す。 顧客の要望や職場の問題を正確に上司に報告し、判断を仰ぎながら、品質・作業能率の向上、顧客の信頼、円滑な人間関係を保つ。	—

4. 等級定義の考え方

　次に、階層ごとに求める定義を検討します。社員に会社が求める人材要件を示すものであり、キャリアステップや賃金にもつながる重要な要素です。

　能力等級、職務等級、役割等級のいずれであっても、自社の実情やこれから目指す組織像、そのために必要な要件をしっかりと反映します。そのために、自社の仕事を棚卸し、仕事を遂行するために必要な能力、その能力を習熟するために必要な期間や育成ステップを明らかにするとよりよいものになるでしょう。この作業は業務の棚卸と呼ばれ、仕事の見える化・整理にも役立ちます。

　また、仕事の実態や求める要件も同時に整理すると評価制度を作る際にも役立ちます。棚卸をする作業負担はありますが、一度作れば人事制度検討のさまざまなところで活用できます。

▶業務棚卸の考え方（役割責任マップ®）

　棚卸の手法は色々ありますが、「役割責任マップ®（株式会社プライムコンサルタント）」(図3-6) を紹介します。人事制度づくりのための業務棚卸のコツは、以下の要素を抑えることです。

課業（を抜けもれなく洗い出す）
課業の期待水準（業績評価用）
誰がその課業を担っている
※その業務の遂行に必要な能力・スキル（能力等級用／スキル評価用）
※その業務を担当している職種（職務等級用）
※その業務担当している役職（役割等級用）
※その業務の適正な等級・役職

◇ 図3-6　業務棚卸（役割責任マップ®）の事例

主な仕事	課業（具体的な仕事）	必要な能力・スキル等	期待水準	担当（●メイン担当、○サブ/サポート担当） A 営業・仕入 部長 正社員	B・C・D 営業・配送 課長 正社員	E・F・G 配送 - 正社員	H・I 倉庫 - 正社員	J 倉庫 - パート	K・L 事務 - 正社員	M 事務 - パート	適正等級 役職
取扱量拡大	新規顧客獲得		年初の新規ターゲット方針に従い、継続的に毎月○件を目安に訪問を行う	●	○						
	見本商品のお届け		見本注文品を届ける際に、その企業・店舗にあった使い方イメージも併せて説明し、後日、使用した感想や新たなニーズを確認する		●	●					
入札	入札書作成		原価割れを起こさないように、試算してから入札書を作成する。そのために価格、商品の情報をより分かりやすく会社で共有し商品知識の修得に努める								
顧客対応	注文書の確認		1つ1つの商品についてかならず注文個数を確認する		●	●					
	商品案内		トレンド・旬の商品などの情報を集めると同時に、顧客のメニュー構成等の情報を集め、適した商品をお奨めする。そのために、商品知識を高めるために、営業メンバーで集まって情報共有する		●						
	クレーム対応		会社内の処理マニュアルに即して、統一した対応をとれるようにする		●						
商品発注	メーカー折衝		担当者が気軽に立ち寄れる社内環境を整えることでメーカーとの関係性を深め、情報の入手頻度・鮮度・交渉力を高める		●						
	契約		契約内容については必ずダブルチェックを行い、ミスの内容にする						○		
	発注		数・品目にミスの内容に必ず確認してから発注を行う						●	○	
	商品管理・在庫管理		適正在庫量を決定し（見直し）、期限切れによるロスを○%以内に抑える				●	○			

　課業とは1つのまとまりのある仕事のことです。業務の棚卸では課業を川上から川下へ、仕事の流れに沿って洗い出していきます。

　次に洗い出した課業の期待水準を設定します。この期待水準が等級定義や評価基準を設定する要となる部分です。

　期待水準を設定したらそれを誰が行っているのかを整理します。その際に、氏名だけでなく役職や職種などもあわせて整理します。

　能力等級の場合、課業を期待水準通りに行うために必要な能力も設定します。職務等級の場合はその業務を担当している職種を、役割等級の場合は役職がわかるように整理します。ここで整理した必要なスキルや期待水準は、後ほど紹介する評価基準作りでも活用できます。

▶能力等級の定義

　棚卸時に洗い出した課業ごとに必要な能力に、難易度や習熟するために必要な経験年数等を設定します。その難易度や経験年数と等級の階層数の対応関係により等級制度ができあがります。

　仮に等級の階層数を9段階に設定する場合、先に難易度の9段階の違いを表すモノサシを**図3-7**のようなイメージで設定します。

◆ **図3-7　等級の階層数**

	等級	難易度 (5が高い)	経験年数（習熟年数）	業務レベルの イメージ
管理	9等級	5	○年	経営計画業務
	8等級	4	○年	上級管理業務
	7等級	4	○年	管理業務
中間	6等級	3	○年	監督業務
	5等級	3	○年	判断・指導業務
	4等級	3	○年	判断業務
一般	3等級	2	○年	定型・判断業務
	2等級	2	○年	定型業務
	1等級	1	○年	定型・補助業務

　このように課業の遂行能力に応じて階層分けしていくわけですが、いざやってみると困ることが起きます。

　1つは、同じ人物であっても難易度や経験年数の異なる能力を複数習得しており、どの等級に格付けてよいのかわからないということです。この場合の考え方としては、

- もっとも難しく年数を必要としている等級に格付ける
- もっとボリュームの多い等級に格付ける

のどちらかになります。全体的に等級が高くなりすぎないためには後者がおすすめです。また、単純に勤続年数を経験年数と読み替えて格付けしたり、役職者については別途設定する役職と等級の対応関係から判断することも考えられます。

　2つ目の問題は、具体的な課業と紐づいているため、配置転換により経験のない職種に異動した時にはその課業を遂行するだけの能力がないということです。この問題に対する対応は決まっています。能力等級は個人の能力に紐づいており、配置転換があったとしてもその能

力が失われたわけではありません。そのため、基本的に等級は維持されます。

このほか能力等級の特徴として、標準滞留年数や最短昇格年数（標準モデル年数や最短モデル年数とも呼ばれる）という考え方があります。

例えば新卒で入社した社員に教えながら育成していき、どれくらいの期間でどの程度の能力の成長を求めるかを年数で表したものです。求める能力基準がどの区分に該当するのかを考える際に1つの指標となります。あくまで標準や最短を示すものであり、その年数が経過すれば必ず昇格できるような運用をしてしまうと全体的に等級が上がります。基本給も上昇してしまうため運用には注意が必要です。

▶職務等級の場合

職務等級は、基礎知識で紹介した職務記述書を作成することが一般的とされています。業務の棚卸は全業務（課業）を網羅的に洗い出し一覧化したものですので、そのなかから特定の個人や職種に必要な箇所を抜き出して職務記述書を作成します。

ただ、それだけでは等級を設定することができません。職務記述書ごとに職務価値や難易度を測り階層分けする必要があります。計測方法はいくつかありますが、厚生労働省が公表している「職務評価ガイドライン」の基準を準用する方法が簡便でおすすめです。

「職務評価ガイドライン」自体はいわゆる同一労働同一賃金のための均等・均衡待遇を可視化するために作られているものですが、職務価値を測るという点においては共通です。

人材代替性、革新性、専門性、裁量性、対人関係の複雑さ（部門外／社外）、対人関係の複雑さ（部門内）、問題解決の困難度、経営への影響度という8つの要素を、それぞれ5段階で測り点数化するものです（図3-8）。

この基準は8項目×各項目5点満点ですので、合計すると40点満点になります。逆に、最低点は8項目×各1点ですので8点です。この

◎ 図3-8　職務評価ガイドラインを基にした職務評価

評価項目	① 人材 代替性	② 革新性	③ 専門性	④ 裁量性	⑤ 対人関係 の複雑さ （部門外 ／社外）	⑥ 対人関係 の複雑さ （部門内）	⑦ 問題解決 の困難度	⑧ 経営への 影響度
定義 スケール	採用や配置転換によって代わりの人材を探すのが難しい仕事	現在の方法とはまったく異なる新しい方法が求められる仕事	仕事を進めるうえで特殊なスキルや技能が必要な仕事	従業員の裁量に任せる仕事	仕事を行ううえで、社外の取引先や顧客、部門外との調整が多い仕事	仕事を進めるうえで部門内の人材との調整が多い仕事	職務に関する課題を調査・抽出し、解決につなげる仕事	会社全体への業績に大きく影響する仕事
1	採用や配置転換による代替人材の確保が非常に容易な仕事	現在の手法をそのまま活用出来る仕事	それほど専門性が必要とされない仕事	原則として自由裁量のない仕事	部門外・社外との交渉・折衝業務がない仕事	部門内との調整作業がない仕事	既存の方法で解決出来ることが多い仕事	経営への影響度が非常に軽微な仕事
2	採用や配置転換による代替人材の確保が容易な仕事	現在の手法をかなりそのまま活用出来る仕事	担当分野において平均的な専門性が必要とされる仕事	自由裁量を行使した結果が、本人のみに影響を与える仕事	部門外・社外との交渉・折衝業務が少ない仕事	部門内との調整作業が少ない仕事	既存の方法を少しアレンジすることで解決出来ることが多い仕事	経営への影響度が軽微な仕事
3	採用や配置転換による代替人材の確保が難しい仕事	現在の手法をある程度活用出来る仕事	担当分野において高い専門性が必要とされる仕事	自由裁量を行使した結果が、当該部門の一部に影響を与える仕事	部門外・社外との交渉・折衝業務がやや多い仕事	部門内との調整作業がやや多い仕事	既存の方法を大きくアレンジすることで解決出来ることが多い仕事	経営への影響度がやや大きな仕事
4	採用や配置転換による代替人材の確保が非常に難しい仕事	現在の手法を参考程度にしながら、異なるものが求められる仕事	担当分野において高い専門性が必要とされ、かつその周辺分野においても平均的な専門性が必要とされる仕事	自由裁量を行使した結果が、当該部門全体に影響を与える仕事	部門外・社外との交渉・折衝業務が多い仕事	部門内との調整作業が多い仕事	既存の方法を参考にしつつも、新しい方法を用いなければ解決出来ないことが多い仕事	経営への影響度が大きな仕事
5	採用や配置転換による代替人材の確保が不可能な仕事	現在の手法とまったく異なるものが求められる仕事	担当分野において高い専門性が必要とされ、かつその周辺分野においても高い専門性が必要とされる仕事	自由裁量を行使した結果が、企業全体に影響を与える仕事	部門外・社外との交渉・折衝業務が非常に多い仕事	部門内との調整作業が非常に多い仕事	最初から新しい方法を用いなければ解決出来ない仕事	経営への影響度が非常に大きな仕事

8点〜40点の幅を等級の階層数に応じて区分します。例えば、5階層に区分する場合は**図3-9**のようなイメージになります。

◘ **図3-9　階層別の職務等級点数表**

職務ポイント	職務等級判定	
合計点	等級	職務等級説明（シンプルな例）
35〜40	5	全社的な課題について部門横断的に対応する仕事
28〜34	4	担当部門の業務課題について組織的に対応する仕事
21〜27	3	応用的な業務に対応する／定型・定常的業務を同僚や後輩に指導・助言する仕事
14〜20	2	複数・定常的な業務を一定の裁量に基づき対応する仕事
8〜13	1	定型業務を手順通り対応する仕事

　等級を何階層にするのかによっても異なりますが、これまでに説明したように職務等級は日本では浸透しておらず、標準的と呼べる階層数はありません。

　どちらかというと役割等級に近い概念ですので、役割等級と同じように5〜7階層程度に分けると使いやすいと思います。

▶役割等級の場合

　役割等級は役職の階層とほぼ同じです。各役職の役割や責任の範囲を確認します。特に文章化されていない場合、以下の視点で違いを確認すると役職者の役割や責任の違いが見えやすくなります。

- 責任の範囲（課の業績責任、部の業績責任など）
- 影響の範囲（担当組織内、部門横断、社内全体、社外にまで及ぶなど）
- 時間軸（短期的、中期的、長期的））
- 交渉相手の立場（対応する相手の役職が課長クラス、部長クラス、経営者クラスなど）
- 決裁できる予算の大きさ

　例えば、課長であれば課の責任者としての業務、権限、責任を表現すれば、それが課長の等級の基準になります。ただし、ここで以下のような問題が生じることがあります。

- 課長という役職だが課長らしい権限や責任がない人がいる
- 部長と課長の間に副部長や部長代理がいるが、部長や課長との違いがよくわからない

　こういった役職の運用は、組織としての役割や責任に基づいているわけではなく、年功や能力といった属人的な要素に基づいています。

　本来の役割に基づいている役職者（役割等級的）と年功や能力に基づいている役職者（能力等級的）が混在している状態です。役割等級にするのであれば、役職の統廃合を含めて検討する必要があります。

　また、役職のない階層の基準は別途考える必要があります。役割等級の階層数の検討で紹介したように3階層に分けるとすると、新人〜一人前になるまでの役割、一人前の役割、指導的な立場の役割をそれぞれ定義します。

　このようにして作成した等級定義と、業務棚卸で洗い出した課業を紐づけていきます。この際の注意点として、現在その業務を担当している人がどの等級か？　ではなく、本来その業務を担当するのはどの等級か？　という視点で考えてください。

　業務棚卸の際に誰が、どの役職者がその業務を担っているかも洗い出しています。現状が理想の状態であればよいのですが、人手不足等により上位等級の社員がやむを得ず比較的簡単な仕事をしている場合もあります。そのような場合は現状をベースに考えるのではなく、本来適切と考えられる等級や役職を考えて設定するようにしてください。

事例やひな形を使う時の注意点

　書籍やインターネット等をみれば人事制度の事例はたくさんでてきます。
　何もないところから制度を考える場合、まずは事例をみてみようという考え方は決して悪いわけではありません。人事制度に限らず、初めてのことに挑戦する際にお手本を見るのは自然なことです。等級の基準や評価基準は会社が求める優秀な社員像を明文化したものであり、どの会社も共通に求める要素があります。事例をみて共感できる部分があればそれを使ってもよいでしょう。

　ただし、注意点があります。事例はそのまますべて使えるわけではなく、自社に適合しない部分は修正する必要があります。事例には当然ながらあなたの会社の独自性はありません。公開されている事例やひな形はどの会社にも受け入れられやすいように汎用的に作られていることが多く、一見すると違和感なく受け止められます。しかし、それは特徴がないことの裏返しでもあります。いかに自社らしさを織り込むのかがポイントになります。

　最初から完璧なものを作ることは簡単ではありませんので、まずは事例をアレンジして運用してみて、自社に馴染まなかったところはさらに修正する形でもよいでしょう。

5. 運用ルール(昇格・降格の基準等)

　考え方についてはこれまでに解説してきましたので、役割等級の事例を掲載しておきます。

◉原則

● 能力があっても任せる役割がないのであれば、高い等級にはならない

● 抜擢や人員不足等の理由により高い役割を与える場合、能力が不足している場合でもその役割に応じた等級とする

◉必要条件

● 直近の評価が下記に定める一定基準を満たす（評価はSABCDの5段階）

◉その他の判断要素

● 知識・技能・技術、対人スキル、マネジメントスキルなど、新しい等級に必要なスキルを保有・習得できる見込みがある

● 新しい等級に必要な行動特性を発揮できる見込みがある
　これらは面談および上長からの推薦内容により判断する

昇格基準（条件を満たせば昇格候補になる、必ず昇格するわけではない）	
Ⅳ→Ⅴ	・3年間でA・A・A評価以上＋面談
Ⅲ→Ⅳ	・3年間でB・A・A評価以上＋面談
Ⅱ→Ⅲ	・3年間でB・B・A評価以上
Ⅰ→Ⅱ	・2年間でB・B評価以上

　降格についても基本的な枠組みは昇格と同様ですが、降格は賃金の減少や昇給の抑制など社員に不利益な要素が伴います。トラブルを回

避するためにはできるだけ具体的な内容を明示すべきですが、その明示した内容に会社側がしばられやすく（その内容以外での降格が困難）なります。慎重に検討してください。

　また、降格には懲戒としての降格と評価等の人事制度に伴う降格があります。ここで取り上げているものは懲戒ではなく、業務上の必要性に基づく等級制度・評価制度上の降格を指しています。

第4章

月例賃金制度の作り方

1. 月例賃金制度作りの流れ

(1)	手当等の賃金体系の整理
(2)	基本給テーブルの設計
(3)	各人別の基本給改定試算
(4)	昇格・降格時の基本給変動ルール

(1) 手当等の賃金体系の整理

　月例賃金制度は、基本給ではなく手当から検討を始めます。その理由は、手当の支給基準の見直しや統廃合、新設を行う場合、基本給と相殺して調整することにより賃金総額の変動を最小限に抑えるためです。

　例えば、ある手当の支給目的が曖昧なので廃止したいと考えた時に、廃止した手当の分だけ賃金が減少すると社員の不満になりますし、不利益変更の問題も生じます。そのため、手当廃止により減額になる分を基本給に加算して総額を維持します。

　この場合、現在の基本給よりも手当統廃合後の基本給は増えます。基本給が増えれば基本給テーブルの水準もその分だけ高めに設定することになりますので、最初に手当から整理します（**図4-1**）。

◢ 図4-1　手当等の賃金体系図

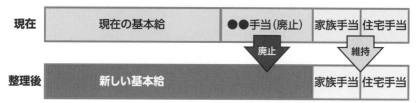

(2)　基本給テーブルの設計

　手当を整理したら、次に基本給制度を作ります。基本給はこれまで紹介してきたことも含め、さまざまな要素の影響を受けています。

　これらは連動しており、どれかを動かすと別の要素に影響が出ます。その点を考慮しつつ制度を作っていく必要があります。

・ 等級制度の種類（基本給は何の対価か）
・ 基本給テーブルのパターン 　（シングルレート、開差型、接続型、重複型）
・ 号俸評価か範囲給か
・ 基本給の改定ルール
・ 基本給テーブルの水準（上限下限・昇給単位）

(3)　各人別の基本給改定試算

　基本給テーブルを設計したら、実際にその制度を適用した時に社員一人ひとりがどのように昇給するのか、いわゆる定期昇給の試算を行います。昇給額が想定の範囲内であれば問題ありませんが、会社の支払い能力を超える場合は基本給の上限や改定ルールを変更して抑制せざるを得ません。

　そのため、(2)基本給テーブルの設計と(3)各人別の賃金試算を行ったり来たりしながら調整を重ねていきます。

(4)　昇格・降格時の基本給変動ルール

　基本給は定期昇給以外にも、昇格や降格した時にも変化する可能性があります。毎年発生する定期昇給と比べて頻度は多くありませんが、こちらもルールを決める必要があります。

2. 手当等の体系整理の考え方

　基本給は所定労働時間の労働に対する対価であると同時に、直接的あるいは間接的に等級制度の種類（能力、職務、役割）に応じた社員の働きを反映したものでもあります。例えば能力等級の会社で基本給以外に能力により変動する手当がある、役割等級の会社で基本給以外に役割によって変動する手当があるような場合、等級の要素を二重にカウントしています。このような場合、等級制度と類似の性質の手当は基本給に吸収した方がわかりやすい仕組みになります。また、基本給は等級や評価を反映する部分ですので、賃金全体に占めるウェイトが大きい方が反映する余地も大きくなり等級や評価によるメリハリをつけやすくなります。

　これらを踏まえると、統廃合を検討する目安として次のようなものが挙げられます。

・基本給と類似の性質
・支給目的や要件が不明瞭
・労働環境の変化等により支給目的が失われている
・金額が非常に低額で支給しても社員の満足感につながっていない
・基礎知識で紹介した職種関連手当、地域・異動関連手当、 　生活関連手当以外の手当

　整理する際に特に注目すべきことは、役職手当や役付手当と呼ばれる手当です。この手当は、

●残業代の出る非管理職社員との逆転現象に影響する

●職務等級や役割等級の場合、基本給の性質と類似の性質である

ということから、統廃合や基準の変更を含めて検討します。

　残業代との逆転が時折起きることはやむをえませんが、常に逆転している状態では誰も管理職になりたがりません。管理職の手当増額を

検討する必要があります。

　基本給との類似は、前述の通り職務等級や役割等級の場合に起こります。基本給も役職手当も、役職に伴う責任に対する対価の要素を含んでいます。そのため整理した方がよいのですが、それでは残業代が出ない管理職の賃金をどのように補うのかということが問題になります。

　シンプルにするのであれば、残業代が支給される非管理職の役職者（例えば主任や係長）は基本給で対応し、残業代の支給されない管理職にのみ管理職手当を支給することをおすすめします。もし非管理職の役職者に支給されている役職手当があるのであれば、基本給に統合し賃金総額は変動がないように配慮します。

3. 基本給テーブルの設計の考え方

基本給制度作りにおいて最も重要な部分です。

▶基本給テーブルのパターン

最初にテーブルパターンを決める必要があります。シングルレートは昇格以外に基本給が変化せず、使いにくいのでおすすめしません。開差型も昇格・降格時の基本給の変動が大きく個人的には使いにくいと思います。そうなると残るのは接続型か重複型になります。等級制度との相性は**図4-2**のとおりです。

◀ **図4-2　テーブルパターンと等級制度との相性**

	接続型	重複型
能力等級	○	△
職務等級・役割等級	△	○

能力等級で重複型も使えないわけではありませんが、重複型はその構造上、下位の等級より上位の等級の基本給が低い部分があります。本人の努力や成長の要素を中心に昇格し、ステップアップしていくという能力等級の考え方と整合性がとりにくく、社員もなぜ基本給の逆転が起きるのか理解しにくいと思います。

一方の職務等級や役割等級は、与えられた職務や役割の範囲内で貢献し基本給の昇給を積み重ね、業務命令により職務や役割が変化し等級が変わることがあります。等級が変わっても基本給が減ることのないように（減る場合でも影響を抑えるように）重複型の方が使いやすいと考えられます。

▶号俸表か範囲給か

テーブルのパターンを選択したら、次は号俸表か範囲給かを選択します。基礎知識で紹介したように形が異なります。

- 号俸表：等級ごとの基本給の上限下限に加えその範囲内の金額も小刻みに設定（**図1-15** 参照）
- 範囲給：等級ごとの基本給の上限下限のみ設定（**図1-16** 参照）

▶号俸表の特徴

号俸表は1号から始まり、昇給単位として設定した金額を何回（何号まで）積み重ねていくかで上限が決まります。例えば、昇給単位を1,000円、最大号数を30号とした場合、1号から30号までの間は29号分ありますので、下限→上限は29,000円差となります（**図4-3**）。

▢ 図4-3　号俸表の見方

号	Ⅰ等級 昇給単位（1,000）
1	200,000
2	201,000
3	202,000
4	203,000
5	204,000
6	205,000
7	206,000
8	207,000
9	208,000
10	209,000
⋮	⋮
26	225,000
27	226,000
28	227,000
29	228,000
30	229,000

現在 200,500円
→201,000円に
位置づけ

昇給単位 ×
号数分を
加算

上限額 ÷
昇給単位で
号数決定

具体的には次のどちらかで考えます。

- 昇給単位 ×（最大号数 − 1）＝上限金額
- （上限金額 − 下限金額）÷ 昇給単位 ＋ 1 ＝最大号数

どちらにせよ、上限額と昇給単位は完全に連動しているため、昇給単位を変更すれば上限額も変化します。

また今、社員に支給している基本給と新たに設定した号俸に基づく基本給額がぴったり一致することは稀です。例えば**図4-3**の昇給単位は1,000円です。現在の基本給に100円単位や10円単位の違いがある場合、設定した号俸表を適用すると必ず差が発生します。原則、その差は加算して補正します。例えば200,500円の社員は201,000円に位置付けることになり、500円加算されます。

▶範囲給の特徴

範囲給は号俸表と違い、上限下限のなかの細かな金額設定がありません。号俸表と比べて考慮する要素が少なく、シンプルかつ柔軟に設定することが可能です。上限と昇給単位が直接連動していないため、一度決めた昇給単位を変更しても号俸表のように上限が変化しません。また、号俸表のように現在の基本給との差分も発生せず、増額補正もありません（**図4-4**）。

◆ 図4-4　範囲給について

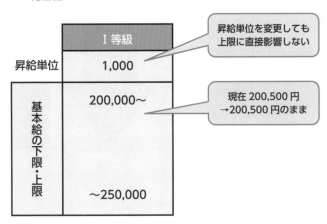

　現在は基本給制度がなくこれから作ろうという会社であれば、制度を作る負荷、難易度という観点からみても範囲給の方が扱いやすいでしょう。

　現在すでに号俸表形式の会社が範囲給に変更すると、社員からは制度が曖昧になったように見えます。すでに号俸表を導入している会社は、号俸表を維持した方が社員の印象はよいでしょう。

▶基本給改定ルール

　号俸表か範囲給かを選択したら、次は基本給の改定ルールを検討します。上限と下限、昇給単位だけではどのように基本給が昇給あるいは降給するのかがわかりません。

　どのような評価をとればどのくらい昇給・降給するのかは、基本給制度を作るうえで最も重要なポイントです。

　この基本給改定ルールは大きく分けると３つのパターンがあります。

(1)　等級・評価に対応する基本給額を設定し、改定時の等級・評価に応じてその金額を適用する。洗い替え方式とも呼ばれる。
(2)　等級や評価に応じた昇給額を決定し、毎期積み重ねていく。
(3)　等級や評価に応じた基本給の到達額（絶対額）を設定し、その金額と現在の金額差を毎期埋めていく

(1)　等級・評価に対応する基本給額を設定

　「○等級○評価の社員は基本給○円」という形で金額を設定する手法です。洗い替え方法とも呼ばれます。

　これまで基本給テーブルのパターンや号俸表や範囲給について解説してきましたが、この洗い替え式は基本給テーブルと基本給改定ルールを兼ねたシンプルな方法です。基本給テーブルのパターン等を選ぶ必要はありません。

　評価間の格差や等級間の格差を自由に設定可能ですので、Ｂ評価とＡ評価の基本給差を何円あるいは○倍にしたい、Ⅰ等級とⅡ等級の格

差を何円あるいは○倍にしたいといった考えを簡単に反映できます。

　例えば**図4-5**のような金額表を設定した場合、Ⅲ等級C評価300,000円の基本給の社員がA評価を取ると340,000円になります。等級別・評価別に定められた金額に即座に変更（洗い替え）されることがこの方式の特徴です。金額設定にもよりますが、評価が変化したことによる基本給の変動が大きいことも特徴の１つです。

　一見するとメリハリが大きく社員にとって緊張感のある仕組みに見えますが、例えばⅢ等級A評価・340,000円の社員が翌年もⅢ等級でA評価を取った場合、340,000円のままです。評価が変化した場合の動きが大きい一方で、等級も評価も前年と同じ場合はまったく金額に変化がなく、評価が安定している場合には緊張感が失われます。

　小さな成果や成長を反映しにくく、社員を長期にわたって定着させ、時間をかけてじっくりと育てていくという会社との相性はよくありません。

◆ **図4-5　洗い替え方式の例**

	D評価	C評価	B評価	A評価	S評価
Ⅴ等級	440,000円	460,000円	480,000円	500,000円	520,000円
Ⅳ等級	360,000円	380,000円	400,000円	420,000円	440,000円
Ⅲ等級	280,000円	300,000円	320,000円	340,000円	360,000円
Ⅱ等級	220,000円	235,000円	250,000円	265,000円	280,000円
Ⅰ等級	180,000円	190,000円	200,000円	210,000円	220,000円

Ⅲ等級C評価300,000円
↓
A評価をとると340,000円

(2)　等級や評価に応じた昇給額の決定

　この方法は毎期の昇給の積み重ねにより基本給が決まる手法です。

　具体的には「昇給単位×評価による昇給幅（号数や倍率）」の計算により算出します。

　例えば**図4-6**のように評価が１つ上がると昇給幅も１つ増えるとい

う形式が一般的です。昇給単位が1,000円でA評価の場合、1,000円×
+2 = 2,000円 = 2,000円の昇給です。シンプルであり、広く普及して
いる手法です。

◀ 図4-6　昇給幅の設定について

	D評価	C評価	B評価	A評価	S評価
昇給幅	− 1	0	＋ 1	＋ 2	＋ 3

　昇給幅の決め方は、まず標準的な評価の社員（この表ではB評価）
の昇給幅を決め、それよりよい評価（A評価・S評価）、それより悪
い評価（C評価・D評価）を決めてください。仮に昇給単位をI等級
1,000円、II等級1,250円、III等級1,500円、IV等級2,500円、V等級
3,800円として上の評価と昇給幅のルールを適用した場合、等級別・評
価別の昇給額は図4-7のようになります。

◀ 図4-7　等級別・評価別の昇給額について

	昇給単位	D評価	C評価	B評価	A評価	S評価
V等級	3,800	-3,800	0	3,800	7,600	11,400
IV等級	2,500	-2,500	0	2,500	5,000	7,500
III等級	1,500	-1,500	0	1,500	3,000	4,500
II等級	1,250	-1,250	0	1,250	2,500	3,750
I等級	1,000	-1,000	0	1,000	2,000	3,000

　昇給幅は全等級共通の設定とし、等級間の昇給額の違いは等級別の
昇給単位により実現します。
　昇給幅がプラスの評価をとり続ければ、等級別に設定された基本給
の上限まで昇給することができます。そのため、この例の場合はS評
価でもB評価でも、等級が同じであれば最終的には同じ金額（等級の
上限）になります。昇給スピードが違うためS評価の社員の方が生涯
賃金は多くなりますが、到達額は同じです（図4-8）。

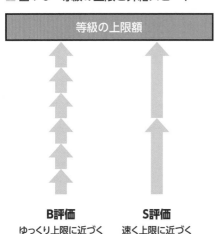

■ 図4-8　等級の上限と昇給スピード

等級の上限額

B評価
ゆっくり上限に近づく

S評価
速く上限に近づく

　S評価の社員はB評価の社員より昇格する可能性が高いため、実際には同じ金額にはならないかもしれませんが、それは等級制度の種類や昇格ルールによります。職務等級や役割等級を採用している場合、優秀な社員といえども任せる職務や役割がなく昇格せず、図のようなことが起きる可能性があります。

　また、ペースの違いはあれど標準評価以上の社員は上限まで上がり続けるため、勤続の長い社員ほど基本給が高くなり、人件費負担が重くなりやすい手法です。

⑶　等級や評価に応じた基本給の到達額の設定

　等級や評価に応じた基本給の到達額を設定し、その金額と現在の金額差を毎期埋めていく手法です。

　等級や評価に応じた金額を設定するという点では洗い替え方式と考え方は同じです。ただし、洗い替え方式は1回の金額の変動が大きかったり、まったく変化がない時も多いため、使いにくさを抱えています。もう1つの等級や評価に応じた昇給額の決定は、最終的には評価による差がなかったり、多くの社員が上限まで到達する可能性があるとい

う悩みを抱えています。

この2つの方式の持つ欠点をうまく打ち消し、メリットを残す方法が(3)の手法です。洗い替え方式のように等級別・評価別の到達金額をあらかじめ設定しますが、洗い替え方式と異なり、ある評価を取ったとしても即座にその金額にはなりません。設定した金額に段々と近づいていくように昇給していきます。

この考え方の具体的な方法として、ゾーン型の基本給テーブルと段階接近法®（株式会社プライムコンサルタント、**図4-9**）という手法を紹介します。

等級別の基本給の上限・下限の中にさらに評価に応じた上限額を設定します。例えば、SABCDの5段階評価であればS評価の上限、A評価の上限、B評価の上限、C評価の上限、D評価の上限に区分します。この区分をゾーンと呼びます。このようにすることで基本給額が低いゾーン～高いゾーン（Dゾーン～Sゾーン）が生まれます。

図4-9　ゾーン型の基本給テーブルと段階接近法イメージ

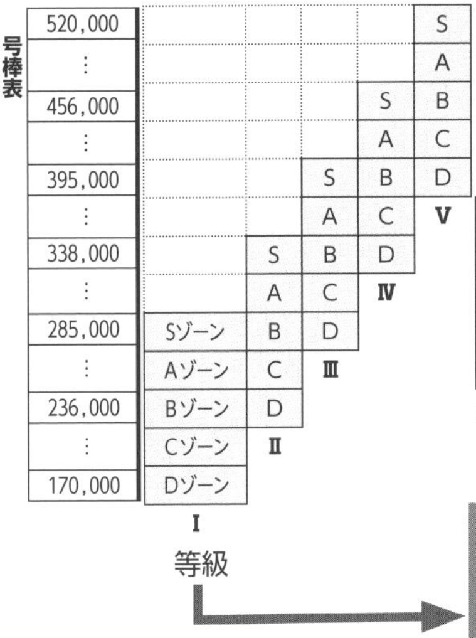

基本給改定ルール・段階接近法®

基本給の高さ（ゾーン）	S評価	A評価	B評価	C評価	D評価
S	＋1	−1	−2	−3	−4
A	＋2	＋1	−1	−2	−3
B	＋3	＋2	＋1	−1	−2
C	＋4	＋3	＋2	＋1	−1
D	＋5	＋4	＋3	＋2	＋1

※上表のプラスの号数は、ゾーンの上限では1号減とする

例①基本給の高さがB(ゾーン)でB評価
➡＋1号昇給　(Bゾーンの上限で昇給停止)

例②基本給の高さがC(ゾーン)でB評価
➡＋2号昇給

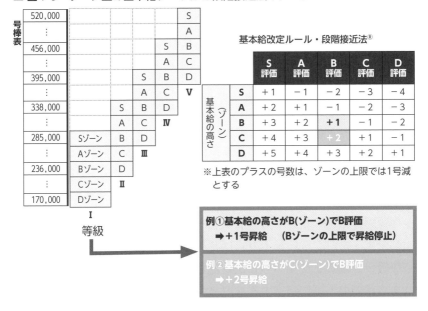

このゾーンを設定した基本給テーブルと対応する形で、図のような基本給改定ルール（段階接近法®）を設定します。

(2)の改定ルールは、評価に応じて昇給幅が決まっていましたが、この方法は評価だけでなく基本給の高さを表すゾーンとの組み合わせにより昇給幅が決まります。

例えば、基本給がBゾーンの社員がB評価を取った場合は昇給幅は＋1ですが、Cゾーンの社員がB評価を取った場合は＋2となり、同じB評価でも昇給幅が異なります。

同じB評価であれば、基本給が低い社員の方が多く昇給することになります。評価が同じということは会社への貢献が同じ（近しい）ということです。それなのに基本給に差があるのであれば、低い方をより多く昇給させてあげようという発想です。

この方法を使えば、中途採用者が多く入社時の賃金にばらつきがある会社でも、貢献に応じた昇給を行いながら段々と入社時の基本給差を調整することができます。(2)の改定ルールでは入社時の基本給に差がある2人の社員がともにB評価の場合、昇給幅も同じですのでその差は埋まりません。(3)の改定ルールでは、入社時に基本給が高い社員と低い社員が同じ等級で同じ評価であれば、少しずつではありますが差が縮まっていきます。

また、このゾーン型基本給テーブルと段階接近®（**図4-10**）のもう1つの特徴として、ある評価を取り続ける社員は、その評価と同じ記号の基本給ゾーンの上限額で昇給が停止するという仕組みが組み込まれています。例えば、B評価を取り続ける人の基本給はBゾーンの上限までは到達できますが、Aゾーンには入れません。Aゾーンに入るにはA評価を取る必要があります。

等級別評価別に到達する金額が明示されている点は洗い替え方式と同じです。ただ、洗い替え方式はB評価の金額、A評価の金額のように等級・評価ごとに1つの金額設定しかありませんでした。この方法はある評価の上限に到達する途中の金額も設定されています。段階的

■ 図4-10　ゾーン型の基本給テーブルと段階接近を使った場合の昇給と上限

基本給	ゾーン					
…						
456,000円	S	Sの上限 +1				
…						
…						
425,000円	A	Aの上限 +2	+1			
…						
…						
395,000円	B	+3	Bの上限 +2	+1		
…						
…						
366,000円	C	+4	+3	Cの上限 +2	+1	
…						
338,000円	D	+5	+4	+3	Dの上限 +2	+1
…						
		S評価	A評価	B評価	C評価	D評価

昇給号数

同じ等級の3人が全員B評価のとき（上山さん −1、中山さん +1、下山さん +2、Bの上限）

に上限に近づいていき、最後は評価に応じた上限額で昇給が停止します。

　例えばCゾーンの社員がB評価を取った場合、基本給はC評価相当ですので、評価に対して基本給が低すぎる状態です。このような場合、昇給が大きくなります。

　一方、Bゾーンの社員がB評価を取る場合、すでに基本給と評価の記号が一致しています。つまり適正な基本給の範囲に入っていると考えます。適正な範囲に入っているとはいえ、そのゾーンの上限に達していないのであればゾーンの上限までは昇給できます。ただし、すでに適正な基本給の範囲にあり評価との差は小さいため、少ししか昇給しません。

　この手法はゾーンと評価の組み合わせにより改定号数を決め、それに改定ピッチをかけて昇給額が決まるため、

● 社員各人がどのゾーンにいるのか
● 社員各人がどの評価を取るのか

が昇給額に大きく影響します。

　そのため各ゾーンの上限、つまり評価ごとの上限をどれくらいの金

117

額に設定するかが重要になります。

▶基本給テーブルの水準（上限下限・昇給単位）

改定ルールまで決まったら、最後は等級別の上限・下限や昇給単位などの具体的金額を設定します。(2)の改定ルールの場合、上限・下限、昇給単位を設定します（**図4-11**）。

◑ 図4-11　基本給テーブルの上限下限・昇給単位

	下限	上限	昇給単位
Ⅴ等級	○○円	○○円	○○円
Ⅳ等級	○○円	○○円	○○円
Ⅲ等級	○○円	○○円	○○円
Ⅱ等級	○○円	○○円	○○円
Ⅰ等級	○○円	○○円	○○円

(3)で紹介したゾーン型のテーブルを使用する場合は、等級別の上限下限だけでなく評価別の上限（SABCD ゾーンの上限）も設定する必要があります。（**図4-12**）

◑ 図4-12　基本給テーブルの等級別評価別の上限と昇給単位

	下限	D上限	C上限	B上限	A上限	S上限	昇給単位
Ⅴ等級	○○円	○○円	○○円	○○円	○○円	○○円	○○円
Ⅳ等級	○○円	○○円	○○円	○○円	○○円	○○円	○○円
Ⅲ等級	○○円	○○円	○○円	○○円	○○円	○○円	○○円
Ⅱ等級	○○円	○○円	○○円	○○円	○○円	○○円	○○円
Ⅰ等級	○○円	○○円	○○円	○○円	○○円	○○円	○○円

※この際、開差型、接続型、重複型のどれを選択するかによって隣り合う等級の下限と上限の金額も規制されます。例えば接続型を選んだのであればⅠ等級の上限とⅡ等級の下限は同じ額になります。

この金額をどのように設定するかによって、昇給額および将来の到達水準が決まります。金額高い方が社員には魅力的に映りますが、会

社にとっては毎年の昇給が大きくなり、将来的な人件費の増加につながります。最初から適切な水準を決めることは難しいため、次に紹介する各人別の試算を行いながら適切な水準を探してください。

(3)で紹介した基本給改定ルールを採用する場合、設定する金額の数が多いため大変そうに見えますが、等級別・評価別の上限という概念を採用しているため、検討の手がかりがつかみやすいというメリットもあります。例えばⅠ等級のBゾーン上限とは、Ⅰ等級の標準的な評価（B評価）の社員が最終的に到達する基本給という意味です。同様にAゾーンの上限とは優秀な社員が最終的に到達する基本給です。標準的な社員や優秀な社員にどれくらいの金額が払えるのか、払いたいのかという視点で金額を考えてみるとわかりやすいでしょう。

4. 各人別試算の考え方

　基本給テーブルや改定ルールを設定したら、実際の社員がそれらを使ってどのくらい昇給するかを試算します。まずは**図4-13**のような形式で昇給額や改定後の基本給を一人ひとり算出し、具体的な金額を確認します。

◁ 図4-13　社員各人の基本給改定試算一覧イメージ

社員番号	氏名	等級	改定前基本給	評価	昇給単位	昇給幅	昇給額(改定額)	改定後基本給
							合計		
							平均		

　重要なポイントは昇給額です。試算した全社員の昇給額の合計や平均が過去の昇給実績あるいは制度を作ろうとした際に想定した金額の範囲内であれば問題ありません。

　そうでないのであれば基本給テーブルの上限や下限、昇給単位等を修正する必要があります。例えば、昇給額の合計や昇給後の基本給の

合計が高すぎるのであれば、昇給単位を引き下げて抑制することになります。

　また、世間相場との比較も忘れてはいけません。具体的な他社の基本給の上限を知ることは困難ですが、毎年の昇給額は経団連や連合、厚生労働省が公表している情報からある程度の相場観を把握することができます。

◉参考になる資料
●厚生労働省の「賃金引上げ等の実態に関する調査」
●経団連の「春季労使交渉の妥結結果」
●連合の「春季生活闘争まとめ」

　世間相場に比べて昇給額が低いということは、賃金水準を理由に他社に社員が流出する恐れがあるということです。金銭以外にもやりがいや組織風土、人間関係もありますので金額が低いだけで他社に劣るということでは決してありません。ただ、社員が賃金を理由に退職しているのであれば、過去の昇給実績より高い昇給額になるように制度を設計するなどの工夫が求められます。

　しかし、自社の支払い能力を超える昇給は実現できません。全体の昇給額を引き上げることができないのであれば、重点を置く等級を決めてみるのもよいでしょう。過去３〜５年程度の昇給額の平均を等級別に把握したうえで、過去実績より厚めに設定する等級を決めて試算を行い、負担増に耐えられるかを確認します。

　昇給単位を見直す際、号俸表の場合はその影響は等級別の基本給上限にまで及ぶということに注意してください。

　号俸表の特徴で紹介したように、
●昇給単位×（最大号数−１）＝上限金額
●（上限金額−下限金額）÷昇給単位＋１＝最大号数
という構造になっており、昇給単位を変更すれば基本給の上限や最大

号数も変わります。昇給単位だけでなく上限額もセットで修正案を検討する必要があります。

一方、範囲給の場合は昇給単位と上限額は連動していませんので、昇給単位だけを変更可能です（**図4-14、図4-15**）。

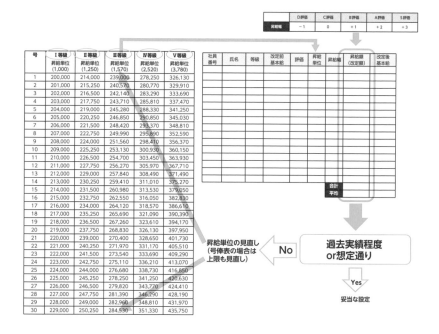

図4-14　号俸表の場合の考え方の例

	D評価	C評価	B評価	A評価	S評価
昇給幅	－１	０	＋１	＋２	＋３

号	Ⅰ等級 昇給単位 (1,000)	Ⅱ等級 昇給単位 (1,250)	Ⅲ等級 昇給単位 (1,570)	Ⅳ等級 昇給単位 (2,520)	Ⅴ等級 昇給単位 (3,780)
1	200,000	214,000	239,000	278,250	326,130
2	201,000	215,250	240,570	280,770	329,910
3	202,000	216,500	242,140	283,290	333,690
4	203,000	217,750	243,710	285,810	337,470
5	204,000	219,000	245,280	288,330	341,250
6	205,000	220,250	246,850	290,850	345,030
7	206,000	221,500	248,420	293,370	348,810
8	207,000	222,750	249,990	295,890	352,590
9	208,000	224,000	251,560	298,410	356,370
10	209,000	225,250	253,130	300,930	360,150
11	210,000	226,500	254,700	303,450	363,930
12	211,000	227,750	256,270	305,970	367,710
13	212,000	229,000	257,840	308,490	371,490
14	213,000	230,250	259,410	311,010	375,270
15	214,000	231,500	260,980	313,530	379,050
16	215,000	232,750	262,550	316,050	382,830
17	216,000	234,000	264,120	318,570	386,610
18	217,000	235,250	265,690	321,090	390,390
19	218,000	236,500	267,260	323,610	394,170
20	219,000	237,750	268,830	326,130	397,950
21	220,000	239,000	270,400	328,650	401,730
22	221,000	240,250	271,970	331,170	405,510
23	222,000	241,500	273,540	333,690	409,290
24	223,000	242,750	275,110	336,210	413,070
25	224,000	244,000	276,680	338,730	416,850
26	225,000	245,250	278,250	341,250	420,630
27	226,000	246,500	279,820	343,770	424,410
28	227,000	247,750	281,390	346,290	428,190
29	228,000	249,000	282,960	348,810	431,970
30	229,000	250,250	284,530	351,330	435,750

社員番号	氏名	等級	改定前基本給	評価	昇給単位	昇給幅	昇給額（改定額）	改定後基本給
						合計		
						平均		

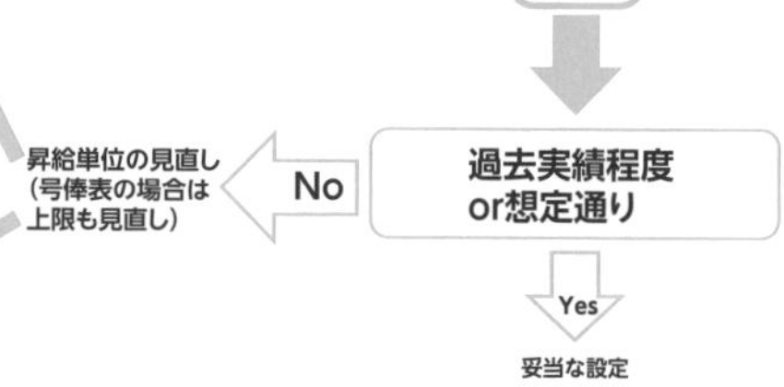

図4-15　範囲給の場合の考え方の例

	過去の昇給実績平均	新基本給テーブル適用	比較
Ⅴ等級	○○円	××円	妥当
Ⅳ等級	○○円	××円	昇給単位 ⬇
Ⅲ等級	○○円	××円	妥当
Ⅱ等級	○○円	××円	昇給単位 ⬆
Ⅰ等級	○○円	××円	昇給単位 ⬆

　ここまで紹介した考え方に沿って基本給テーブルを設計していけ
ば、「今（現在の支給額）」「直近（数年の昇給）」「将来（上限額）」の
基本給イメージを描くことができます。

　これらを表や数字だけでなくモデル昇給カーブと呼ばれるグラフに
してみると、より一層わかりやすくなります。

　モデル昇給カーブとは、新卒で入社した社員が同じ評価を取り続け
た場合、何歳でどれくらいの基本給金額になるかを描いたグラフのこ
とです。

　A評価を取り続けたモデル、B評価を取り続けたモデル、Ⅰ等級で
はA評価だが○歳でⅡ等級に昇格して以降はB評価など、評価と昇格
のモデルを任意で設定します。このモデルと作成した基本給テーブル
および改定ルールを適用した場合の推移表を作りグラフ化します。

　グラフを作るメリットは長期的な基本給の推移をイメージできるだ
けではありません。現在の社員の基本給をグラフ上にプロットするこ
とで、新制度適用後の基本給と現在の基本給の関係も見ることができ
ます。図4-16のグラフはⅠ等級で入社した社員がA評価を取り続けた

123

■ 図4-16　モデル昇給カーブと現在の社員の関係のイメージ

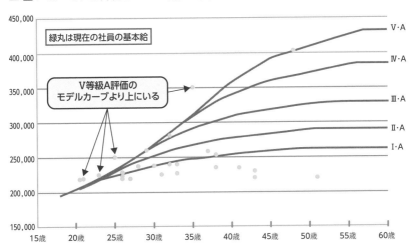

場合のモデルを描いたものです。I等級止まりのパターンだけでなく、年齢を重ねてII等級、III等級、IV等級、V等級に昇格したパターンも描いています（グラフの一番下のラインがI等級止まり、一番上のラインがV等級まで昇格）。そこに現在の社員の基本給を重ね合わせてみると、カーブより上にいる社員が数人いることがわかります。

　新しく作った基本給テーブルの導入以降に入社した社員は、A評価であればモデルカーブのラインをたどりますので、そのラインを超えている現在の社員に並ぶためにはS評価などA評価よりよい評価を取る必要があるということになります。つまり、現在すでに基本給の高い社員には追い付きにくい水準設定になっているということがわかります。

　モデル昇給カーブと現在の社員の関係をみて違和感があるのであれば、昇給単位の見直し等を検討します。

5. 昇格・降格時の基本給変動ルール

　シングルレートは等級ごとに１つの金額しかないため、昇格すれば必ず基本給も上がります。開差型は昇格すると基本給が必ず次の等級の下限まで上がります。そのため、この２つはルールを検討する必要はありません。

　接続型の場合、等級の上限に達する前に昇格するのであれば次の等級の下限まで上がりますが、上限に到達している場合は昇格後の下限と同じ金額です。そのまま横スライドして基本給は据え置きにするのか、少しでも基本給を引き上げるのか決めておく必要があります。

　重複型の場合は上下の等級と同じ基本給額の範囲が大きいため、基本給は据え置きなのか、引き上げるのかを決めておく必要があります。

　社員の立場から見ると昇格と同時に基本給が上がった方が嬉しいのですが、会社から見ると人件費増です。シングルレート、開差型、接続型（上限に達しての昇格除く）の場合は引き上げる以外の選択肢がありませんが、重複型の場合は据え置きという選択肢もあります。

　昇格すれば基本給の上限が上がったり、昇給単位の金額が大きくなります。このことを持って昇格のメリットは十分と考えるのであれば、据え置きでよいでしょう（**図4-17**）。

　特に、降格も視野に入れてルールを決めるのであれば据え置きをおすすめします。昇格時の基本給の引き上げが大きいと、降格時にその引き上げた分を戻すのかが問題になります。金額大きすぎると感情的に戻しにくくなります。降格のことも視野に入れてルールを設定しましょう。

◪ **図4-17 昇格・降格時の基本給変動ルールについて**

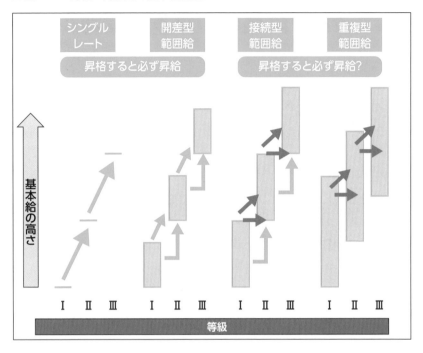

第5章

賞与制度の
作り方

1. 賞与制度作りの流れ

(1)	原資・賞与額の決定順序と原資の考え方
(2)	賞与額の決定ルール

(1) 原資と賞与額の決定順序

「社員一人ひとりの賞与額の合計＝会社全体の賞与原資」です。どちらを先に決めるかは、賞与制度を作る際に大きな影響を与えます（図5-1）。

◆ 図5-1 原資と賞与額の決定順序について

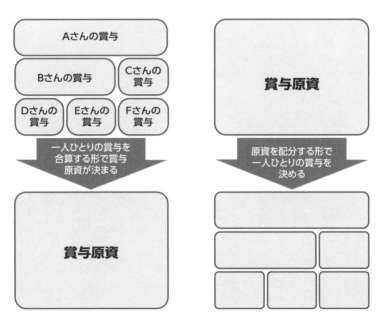

一人ひとりの賞与から先に決める場合、原資はその合計の結果ですので自動的に決まります。合計額が用意できる原資を超える場合、一

人ひとりの賞与を調整する必要があります。

一方、原資を先に決め、それをいかに配分するかを考える場合、原資の決め方と一人ひとりの賞与額の決め方の２つを考える必要があります。先に原資から決めるため、原資内に収めるための調整という作業は発生しません。

基礎知識で紹介した通り、賞与額の決定ルールには安定性の強い基本給連動方式と利益還元性の強い配分点数表方式があります。それぞれとの対応関係は**図5-2**の通りです。

図5-2　賞与制度と原資の関係

	一人ひとりの賞与の合計が原資	原資を一人ひとりに配分
基本給連動方式	○	×
配分点数表方式	×	○

(2)　賞与額の決定ルール

社員一人ひとりの賞与額をどのように決めるかを検討します。基本給連動方式か配分点数表方式のどちらか、あるいはその組み合わせにすることでシンプルでわかりやすい制度になります。

2. 賞与原資の考え方

　基本給連動方式のみの場合、原資はほぼ自動的に決まるため単独で考える必要はありません。原資について検討するケースは、配分点数表方式を使用する場合（基本給連動方式と配分点数表方式の併用を含む）です。

　利益還元性と安定性、どちらの要素が強いのかによりもよりますが、それぞれ**図5-3**のような考え方で決定するとシンプルです。

▶ 図5-3　原資の考え方

利益還元性の原資（変動原資）	利益の○％分
安定性の原資（固定原資）	基本給の○カ月分

　安定性の部分は利益状況に関わらず確保します。そのため固定原資とも呼ばれます。一方、利益還元性の原資は利益状況によって変化するため変動原資とも呼ばれます。

　安定部分をなくし完全に利益連動で原資を決定するという考え方もありますが、そうすると利益が出なかった時に賞与原資がゼロになります。その期間中の貢献の大小、評価の良し悪しに関わらず全員賞与はゼロ円です。利益が出ないほどに会社が苦しい時期に頑張った社員ほど報われないことになり、優秀な社員ほど不満につながります。そのため、一定程度は安定性の原資を確保することをおすすめします。

　安定性の部分を確保したうえで、さらに利益に応じて賞与原資を上乗せします。例えば「基本給×1カ月分＋利益の25％」といった形です。

　ここでの基本給○カ月分とはあくまで会社全体として用意する原資の話であり、社員一人ひとりに基本給の○カ月分の賞与を配分すると

いうことではありません。原資は基本給の〇カ月分という形で確保したうえで、一人ひとりの賞与は利益還元性を重視する配分点数表方式で決定することも可能です。

3. 賞与配分額の決定ルール

　原資だけでなく社員一人ひとりの賞与配分額にも利益還元性と安定性が影響します。

▶配分点数表方式の考え方（利益還元性重視）

　基礎知識でも紹介したように配分点数表方式は、下表のようなイメージになります。

　等級と評価に応じた点数を付与し、同時に1点単価を決めその掛け合わせで各人の賞与額を決定します。1点単価は会社が用意する賞与原資を全社員のポイントの合計で割ることで算出します。基本給に連動する要素がなく、基本給が低い社員でも、等級や評価が高ければ高い賞与が得られます（図5-4）。

◆ 図5-4　等級別・評価別の配分点数表の例

①等級別・評価別の配分点数表を設定

	I 等級	II 等級	III 等級	IV 等級	V 等級
S評価	200	300	400	500	600
A評価	150	225	300	375	450
B評価	100	150	200	250	300
C評価	60	90	120	150	180
D評価	20	30	40	50	60

②「1点単価」は賞与原資と全員の配分点数合計から計算

$$「1点単価」＝\frac{賞与総原資}{全社員の配分点数合計}$$

　配分点数表は、等級間の格差、評価間の格差を点数という形で任意に設定します。

　例えば、

● Ⅰ等級のB評価とⅡ等級のB評価は同じB評価でもどの程度の差を
  つけるか
● Ⅰ等級のB評価とA評価はどの程度の差をつけるか
● Ⅰ等級のA評価とⅡ等級のB評価はどちらが賞与が高いのか
などの視点から検討します。

　隣接する等級だけでなく、Ⅰ等級のB評価とV等級のB評価の格差
は何倍を想定するかといった視点でも検討可能です。

　具体的に点数格差を検討する際には、以下の2つの方法が考えられま
す。

| ・過去の賞与支給実績の格差から検討する |
| ・評価間格差（縦軸）と等級間格差（横軸）をそれぞれ検討し、その計算結果から検討する |

　どちらの方法でアプローチするにせよ、一番低い等級の標準評価（B
評価）を100点として考えると格差をイメージしやすいでしょう。

　過去の実績から考える場合、例えばⅠ等級のB評価の賞与が20万
円、Ⅱ等級のB評価の賞与が30万円とすると、格差は1.5倍です。Ⅰ
等級のB評価を100点とするとⅡ等級のB評価は150点となります（図
5-5）。

図5-5　過去賞与の等級間格差から検討

	Ⅰ等級	Ⅱ等級	Ⅲ等級	Ⅳ等級	V等級
過去賞与の平均	20万円	30万円	40万円	60万円	80万円
	100点	150点	200点	300点	400点

評価間格差も同様に考えます。このように考えて作ると実績と大きな差のない格差が実現できます。ただ、実績と差がないのであればわざわざ制度を改定する必要がありません。実績からアプローチする場合は現状を基に算出した点数の格差をベースに、今後それをどのように変えたいのかを含めて検討してください。

もう１つの考え方は、評価間格差（縦軸）と等級間格差（横軸）を直接検討する方法です。初めからそれぞれの理想とする格差を設定します。例えば、

図5-6 のようにＢ評価を 1.0 倍とし、Ａ評価は 1.2 倍、Ｓ評価は 1.4 倍、Ｃ評価を 0.8 倍、Ｄ評価を 0.6 倍とします。

等級間の格差をⅠ等級を 1.0 倍とし、Ⅱ等級 1.5 倍、Ⅲ等級２倍、Ⅳ等級 2.5 倍、Ⅴ等級３倍とします。

それぞれをⅠ等級Ｂ評価の 100 点を起点に掛け合わせると点数表が出来上がります。Ⅲ等級のＡ評価は、100 点× 1.2 × 2.0 ＝ 240 点になります。

図5-6　評価間格差と等級間格差から直接検討

評価間倍率 ⬇		Ⅰ等級	Ⅱ等級	Ⅲ等級	Ⅳ等級	Ⅴ等級
1.4	S評価	140	210	280	350	420
1.2	A評価	120	180	240	300	360
1.0	B評価	100	150	200	250	300
0.8	C評価	80	120	160	200	240
0.6	D評価	60	90	120	150	180
等級間倍率 ➡		1.0	1.5	2.0	2.5	3.0

この例では、評価間格差を均等に 0.2 刻みにしていますが、Ｓ評価にはより高い賞与を、Ｄ評価にはより低い賞与をと考えるのであれば、格差を大きくつけることも考えられます。等級間格差も、管理職と非管理職の境目では大きな格差を設定するといったことも考えられます。

　この方法は、賞与支給実績が検討材料に入っていないため、そのままでは支給実績との乖離が生じやすくなります。算出された点数はあくまで検討のベースとし、実際に点数表を適用するとどれくらいの賞与になるのか試算を行い、必要に応じて点数表アレンジしてください。

　特に、これまで賞与が安定的に支給されている会社では、一定期間の激変緩和措置（移行措置）を講じた方がよいでしょう。例えば「現在の制度で計算した賞与と新制度（配分点数表方式）で計算した賞与の差分の一定割合を、制度改定から２回目の賞与まで補填する」といったことが考えられます。

　配分点数表方式は賞与金額のパターンが等級と評価の組み合わせ分しかなく、仮に５段階評価、５等級構成とすると５×５の25種類しかありません。基本給連動方式であれば一人ひとりの基本給が異なるため賞与も細かく異なる結果になりますが、配分点数表方式ではそこまで細かな差を実現できません。もう少しだけ細かい設定をしたい場合や特に貢献の大きかった人の賞与を増やしたいという時は、応用編として**図5-7** の方法があります。

図5-7　配分点数表方式を使う場合の応用編

・評価段階を増やす（例：Ｂ評価をＢ＋、Ｂ、Ｂ－の３つに分け７段階評価とする）
・常設の配分点数表とは別に役員に持ち点を付与し、役員が特定の個人に加点する
・配分点数表方式とは無関係の特別賞与を用意する

　評価段階を増やす場合、あまり細かく分けすぎると賞与金額を決めるためだけの評価になってしまいます。なぜその評価になったのかの説明力が乏しくなるため注意してください。

　役員に持ち点を与え個人加点する場合、この持ち点を大きくし過ぎないように注意します。基本は常設の配分点数表で定めた格差であり、

少し差をつける程度の持ち点に留めるべきです。役員が過大な加点を
すると点数表が形骸化します。

　配分点数表方式と無関係の特別賞与を用意する場合、その目的は
はっきりとさせておきましょう。上記の役員持ち点同様、本来定めた
賞与制度の意味がなくなるような特別賞与は避けます。

　永年勤続や社会福祉への貢献といった業績と関係性の薄い表彰制度
のようなものや、営業成績全社1位などごく少数の限られた人にだけ
与えられるものであれば、差別化はできています。

　ここまで紹介した配分点数表方式は、等級が高いほど点数が高いとい
う特性のため、等級自体に年功要素があると利益還元性が薄まります。

　年功的な運用になりやすい能力等級の会社では、思ったほど利益還元
性が発揮されない可能性もあります。賞与に短期間の貢献を反映した
いのであれば、賞与制度だけでなく等級制度も考慮しておく必要があ
ります。

▶基本給連動方式の考え方（安定性重視）

　基礎知識でも紹介したように基本給連動方式とは**図5-8**のようなイ
メージです。

◎ **図5-8　基本給連動方式の考え方について**

基本給	基準月数	会社業績係数	評価係数		賞与額
			評価	係数	
20万円	2カ月	×1.0	S	×1.2	48万円
			A	×1.1	44万円
			B	×1.0	40万円
			C	×0.9	36万円
			D	×0.8	32万円

　また**図5-9**の要素を検討します。

◆ 図5-9　基本給連動方式の検討要素

・算定基礎額の詳細（基本給のみか他の手当を加えるか）
・標準として何カ月分支給するか
・評価ごとの格差をどの程度つけるか
・会社業績係数を設定するか

　ここでは基本給連動方式と呼んでいますが、基本給以外の手当を含むかどうかを最初に検討します。管理職の賞与をより大きくするために管理職手当を加える場合や、家族手当や住宅手当、通勤手当といった業務と関連性の薄い手当だけを除き、他の手当はすべて加える場合もあります。

　基準月数は会社として賞与原資をどれくらい用意できるかによって決まります。ただ、この基準月数を利益に応じて変動させると安定性を重視する基本給連動方式の特性が薄まるため、通常は固定しておきます。

　最後に評価別の係数の格差を設定します。標準的な評価（B評価）の場合を1.0とし、それより上の評価、下の評価はどれくらいの格差にするかを設定してください。その際、図5-10のように実際の社員データを使って試算を行いながら検討するとイメージを持ちやすいでしょう。

◆ 図5-10　実際の社員データを使った試算表

社員番号	氏名	等級	基本給(賞与算定基礎)	基準月数(共通)	業績係数(共通)	評価係数	賞与額
							合計	

　ただし、評価係数をどのように設定したとしても、基本給をベースにしているため、基本給の大小が結果に強く影響します。基本給は中長期の勤続に伴う毎期の昇給の積み重ねの影響が強く、一般的に年齢が高い、勤続年数が長い社員が高い傾向です。そのため、今期の業績に大きく貢献した基本給の低い社員よりも、今期の業績への貢献が低い基本給の高い社員の方が賞与が高いということが起こり得ます。

　また、現実的に会社が用意できる原資には限りがあります。自動的に算出された合計額分の原資を用意できないのであれば調整する必要があります。その場合は、会社業績係数をかけて全体を抑えるか、一人ひとりの評価等を調整することで原資内に収まるようにします。会社業績係数を採用する場合、通常は1.0としておき、毎期の賞与原資の状況に応じて変動させます。会社業績係数を採用しその変動が大きくなると、安定性を重視した基本給連動方式と言えども、利益還元性の要素が入り込んできます。

▶配分点数表方式と基本給連動方式の組み合わせ

　賞与には利益還元性と安定性の両方の意味を込めている会社も多いと思います。そうであれば、紹介した2つの方式を組み合わせることも考えられます。

　例えば、原資の1カ月分は基本給連動方式で支給、残った原資を配分点数表方式で支給する形です。基本給連動方式と配分点数表方式のどちらに原資を多く割くかによって、安定性と利益還元性のどちらの色合いを強くしたいのかが決まります。

　組み合わせて使う場合、配分点数表方式で評価要素や業績要素は反映するため、基本給連動方式で紹介した評価係数や業績係数は使用しない方がよいでしょう。単純に基本給×基準月数○カ月分だけを使用します（評価係数や業績係数は全員1.0としておく）。

　図5-11の例では、
- 賞与総原資 20,000,000 円のうち基本給連動方式用に基本給の1カ月

分の原資を使っています。

● 社員に一人ひとりの基本給の1カ月分は固定的に支給します。ここに評価の要素はありません。

● 残った原資12,000,000円を配分点数表方式で支給します。

● 社員の配分点の合計が6,000点とすると12,000,000円÷6,000点＝2,000円が1点単価です。

● Ⅰ等級の社員がB評価をとり、配分点が100点とすると、配分点数表方式で200,000円支給されます。

● 基本給連動で1カ月分支給されるため、この社員賞与の合計は400,000円です。

◇ 図5-11　賞与総原資を基にした社員の賞与計算

賞与総原資	20,000,000円	
社員の基本給総額	8,000,000円	
基本給連動原資	1カ月分	8,000,000円
配分点数用原資	12,000,000円	
社員の配分点合計	6,000点	
1点単価	2,000円	

あるⅠ等級社員の基本給	200,000円
この社員の評価	B評価
Ⅰ等級B評価の配分点	100点
配分点数による賞与	200,000円
この社員の賞与合計	400,000円

第6章

評価制度の
作り方

1. 評価制度作りの流れ

(1)	階層・職種ごとに何を評価するか（業績・スキル・行動）
(2)	毎期目標を立てるか、定常的な評価基準を作るか
(3)	目標や評価基準は何項目設けるか
(4)	目標の立て方
(5)	評価基準の考え方
(6)	評価のつけ方・評価記号の決め方・評価の反映先など

(1) 階層・職種ごとに何を評価するか

　業績評価・スキル評価・行動評価の3つの要素を階層別・職種別にどのように使い分けるかを検討します。

　すべての社員に対して全要素を評価することも可能ですが、評価者に対する運用負荷がかかります。この運用負荷は評価制度を考えるうえで無視できない部分であり、負荷が大きいとどのような制度を作ってもその効果が発揮されません。

　3つの要素の中から必要なものを選択します。

(2) 毎期目標を立てるか、定常的な評価基準を作るか

　評価制度には毎期、個人ごとに目標を設定する手法と、全社員共通あるいは階層や職種共通の定常的な評価基準を設定する手法があります。

　前者はその期の組織の課題や個別の状況にあわせて具体的な内容を設定可能ですが、目標を立てるという作業が毎期発生し、運用には一定の負荷がかかります。

　一方の定常的な基準設定は、一度基準を作ってしまえば、以降はその基準を使い続けます（**図6-1**）。そのため毎期目標を設定する場合と

比べて運用の負荷が軽減されます。代わりにその期の状況に合わせた個別具体的な内容を設定することはできません。基準が実態や環境に合わなくなった場合などは見直しますが、毎期見直すことは想定していません。

どちらも一長一短であり、また、業績評価、スキル評価、行動評価それぞれとの相性もあります。

図6-1　毎期目標と定常的な基準設定について

	毎期個別に目標を設定する	定常的な基準を設定する
業績評価	○	△
スキル評価	○	△
行動評価	△	○

(3)　目標や評価基準は何項目設けるか

目標や評価基準の数に絶対的な正解はありません。数が多いほど社員の貢献をきめ細やかにとらえられる反面、項目数が多すぎると１つ１つの項目の違いがわかりにくくなったり、評価者が評価のために割く時間が増え運用の負荷につながります。

経験則としては、業績評価、スキル評価、行動評価の全項目をあわせて 10 ～ 15 個くらいが適切だと思います。

(4)　目標の立て方

毎期目標を立てることを選択するのであれば、組織課題と連動した個人の目標を、タイムリーかつ具体的に反映したものにしなければ意味がありません。それができないのであれば定常的な基準を設定した方が運用負荷も小さくて済みます。

組織課題と連動した個人目標を設定するためには、組織の目標や課題から順を追って考えていきます。

(5) 評価基準の考え方

　定常的な評価基準を設定する場合、個別具体的な内容は設定できないため、経営理念や組織のミッション、会社や職種の特徴を反映した普遍的・不変的な基準を検討します。

2. 評価基準設定はセットで考える

　階層・職種ごとに何を評価するか、毎期目標を立てるか、定常的な評価基準を作るかなど、業績評価、スキル評価、行動評価の等級や職種ごとの使い分けと毎期の目標設定もしくは定常的な評価基準設定はセットで考えます（**図6-2**）。

▶ **図6-2　評価基準設定について**

		向いている階層や職種
業績評価	目標設定	管理職全般、新規営業や企画系の職種
	定常的評価基準	製造や管理部門の職種
スキル評価	目標設定	製造やITエンジニア系の職種
	定常的評価基準	製造やITエンジニア系の職種 （スキルの習得個数を測る際は注意）
行動評価	目標設定	すべての社員 （運用負荷とのバランス考慮）
	定常的評価基準	すべての社員

▶業績評価

　会社の業績責任を負っている管理職や新規性の強い業務を担当する職種の場合、業績評価×目標設定の組み合わせがよいでしょう。少なくとも管理職は業績評価×目標設定にすべきです。

　受動的な業務やルーチンワークが業務の大部分をしめる製造ライン、管理部門の社員は、毎期異なる目標を立てようとしても困る場合があります。そういった時は業績評価×定常的な基準の組み合わせを採用します。

　ただ、定常業務であったとしても、それを改善しようとする場合もあります。また、会社としては定常業務でありベテラン社員にとって

はごく普通の業務でも、若手社員にとっては初めて任されたチャレンジングな業務である場合もあります。その際は、業務の改善や業務の習得といった具体的な目標を設定することも検討します。

▶スキル評価

　スキル評価は、「今期は○○スキルを習得する」という形で毎期個別に目標設定をすることも可能ですし、業務に必要なスキル項目およびその水準の一覧表を定常的な基準として作り、その技能を発揮しているかを測ることも可能です。

　業務に必要なスキルを基準として一覧化したうえで、その習得個数をカウントし数の多さを評価するという手法もありますが、この手法は注意が必要です。多能工の育成、配置の柔軟性確保のためには役立つのですが、昇給や賞与に結び付く評価制度としては使いにくい面があります。

　スキル習得の大半は実務を通して行われています。必要なスキルが多岐にわたるのであれば、配置転換によりスキルに対応する業務を経験しながら習得していきます。対応する業務を任せられない限り習得の機会がなく、何個チェックがつくかは配置転換次第になります。これでは本人の意思や努力でコントロールできない要素により昇給や賞与が決まることになり、不満につながります。

　また、スキルは数（量）だけでなく質の問題もあります。ある業務は代替できる社員がいないのでずっと同じ人が担当しているとしたら、その人は別の技能を習得する機会がなくチェックの数が増えません。代替できる社員がいないということはその社員の持つ技能は質が高かったり、重要性が高いとも考えられます。

　質と量のバランスを考慮した基準設定はかなりの労力がかかります。技術革新スピードの速い現代においては、スキルの価値の変化も速くなっています。基準を作るだけでなくメンテナンスの負荷も視野に入れて検討する必要があります。

▶行動評価

　行動評価は目標設定、定常的な基準設定のどちらでも可能です。ただ、取り組み姿勢や行動特性、組織風土への貢献といった要素を評価することを考えると、定常的な基準設定が適しています。それらは頻繁に変わることがなく、定常的な基準を設定しやすい要素です。

147

3. 目標の立て方

　毎期目標を立てその達成状況を測る手法はMBO（Management by Objectives and Self Control ＝目標による管理と自己統制）とも呼ばれます。

　この言葉からもわかるように、目標を設定するという行為は評価のためだけにあるのではなく、以下のような目的があります。

・組織が目指す成果と水準を共有する
・仕事の自己管理に活用する
・目指す成果・水準に対する進捗度を客観的に測り、次のアクションの検討材料とする
・結果（業務の成果）を組織の成長や人材育成に活用する

　結果の良し悪しのみを測り、それを昇給や賞与の反映だけに活用すると、できるだけ簡単な目標を立てて達成したことにしたい、という社員が出てきます。社員各人が目標を達成したとしても、組織課題の解決にはつながらないでしょう。

　そうではなく、目標は会社や所属部門の仕事や課題と関連しており、各人の目標達成が組織の目標達成につながっている、組織業績に寄与する人材の育成につながっている必要があります。

　評価制度というとどうしても評価のつけ方に意識が向かいがちですが、評価はあくまで結果、出口です。出口が会社にとって望ましいものであるかどうかは、入り口である目標設定に大きく左右されます。

　そのため、目標をどのように立てるのか以前に、よい目標・適切な目標とはどのようなものかを理解しておく必要があります。これにはＳＭＡＲＴの法則という考え方が知られています。

　ＳＭＡＲＴとは、Specific（具体的）、Measurable：（定量的・測定可能）、Achievable（達成可能性）、Related（組織目標との連動性）、

Time bound（期限）の頭文字を取ったもので、Aは Attainable、Rは Realistic や Relevant で表現される場合もあります（**図6-3**）。

■ 図6-3　SMARTについて

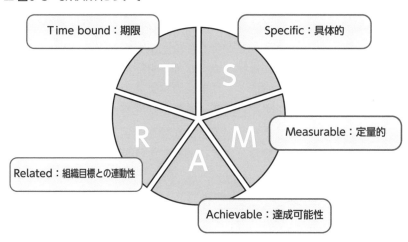

※Aは Attainable、Rは Realistic や Relevant の場合もある

【Specific（具体的)】

　誰が、何を、何のためにどのようなことを、といったことを上司と部下の認識のずれがでないようにできるだけ具体的に設定します。次のMとも密接に関わります。

【Measurable：(定量的・測定可能)】

　評価を行う際に達成したかどうかを上司と部下の認識に違いがなく判断できるように、可能な限り定量的に表現します。ただし、実際はすべてを定量的にすることは難しく、定性的な表現を使わざるを得ないこともあります。

　その場合は、例えば「現在○○の状態のものを○○の状態に改善する・変化させる」のように前後の変化を比較できる表現にするなどの工夫が必要です。

▶ 【Achievable（達成可能性）】

非現実的でどうやっても達成できない目標は、それが提示された時点、あるいは達成できないと気付いた時点で諦めてしまいます。

逆に何もしなくても必ず達成できる目標、達成できずとも特に困らない目標は会社や社員の成長につながらず、わざわざ掲げる意味がありません。背伸びして手を伸ばしたさらに数センチ先にある目標が、努力する意欲のわくよい目標（ストレッチ目標）と呼ばれます。

ただし、この達成可能性という考え方は捉え方を間違えると既存業務の延長線上になりやすく、斬新・革新的な発想が生まれにくくなります。順番はあくまで「斬新・革新的な発想（実現したいこと）→その実現のために必要な業務の達成可能性」です。

▶ 【Related（組織目標との連動性）】

個人の目標は会社や組織の目標と関連している必要があります。会社業績に即座に現れないとしても、個人の育成・成長に関わる目標であれば問題ありませんが、まったく関係のないものは設定しないようにします。

▶ 【Time bound（期限）】

仕事には期限や納期があります。事業年度や上期、下期等の一定期間ごとに評価するという評価制度の特性上、いつまでにどこまで達成するのかを明確にしておく必要があります。必ずしも評価期間と受注した案件やプロジェクトの納期が一致しているとは限りませんので、評価期間終了時の状態を意識して目標を考える必要があります。

次に、組織課題と社員各人の目標を関連付けながら設定する方法として、課題発見ワークシートを紹介します（図6-4）。

課題発見ワークシートは、評価者（管理職）が自部門について以下の５項目を順番に検討・記入することで、組織目標とつながりのある

「個人目標のもと」を検討する手法です。

(1)	組織目標（上位目標）、方針・要望
(2)	組織目標に関連する主な業務
(3)	上位目標に応えるうえでの制約・問題・障害
(4)	今期優先的に取り組む課題
(5)	誰が・何を・どこまで

図6-4　課題発見ワークシートの例

部門内で共有				評価者の想定
(1)	(2)	(3)	(4)	(5)
組織目標 方針・要望	組織目標に関連する主な業務	上位目標に応えるうえでの制約･問題･障害	今期優先的に取り組む課題	誰が・何を・どこまで
会社方針・目標、社長、部長など上位者から指示された目標・方針・要望を書き出す	①の上位目標（方針・要望）の達成に関連する業務（仕事）を記入する	②の業務を遂行し上位目標の達成を試みるうえでの制約・問題・障害など	③の制約・問題を解決すべき課題、事柄を優先順位の高いものから書き出していく	④をチームで共有し、その中から優先順位が高く、期間内に実施・解決できる課題をそのままスライドさせる。誰が担当するかは上長が方針を示しつつチーム内で検討する
売上○○億円				Xさん：□□円　Yさん：△△円　Zさん：××円
既存客売上○億円 維持	定期連絡（メール、電話） 定期訪問	営業担当は外出が多く、落ち着いて電話やメールをできない 遠隔地の顧客を訪問する余裕、きっかけがない	定期連絡担当を置き、教育する きっかけとなるイベントの企画・実施	定期連絡担当を置き、教育する（Xさん） きっかけとなるイベントの企画・実施（Xさん、Yさん）
代理店・商社経由の新規受注○億円増加	代理店、商社の開拓 代理店、商社が行う商談成功率の向上	新規開拓担当者がいない 提供している営業ツールが古い 各代理店、商社が独自の手法で営業しておりレベルにばらつきがある	代理店、商社開拓の専任担当を置く 営業ツールの刷新 代理店・商社向け営業研修の企画・実施	 営業ツールの刷新（Zさん） 代理店・商社向け営業研修の企画・実施（Yさん）

(1)組織目標、方針・要望には、作成する管理職が管轄する組織全体

の今期の目標を記入します。組織目標はさらにその上位の会社目標から降りてきていますが、このフォーマットでは割愛しています。

(2)組織目標に関連する主な業務には、(1) の組織目標の達成に関連する主な業務を書き出します。

(3)上位目標に応えるうえでの制約・問題・障害には、(2)で書き出した業務を遂行し組織目標を達成しようとするなかで、その実現を妨げる制約や問題、障害を書き出します。何を問題と捉えるかによって解決策も異なるため、全5項目のなかで最も重要な部分です。

例えば、ヒト・モノ・カネが足りないと書くとその解決策は現場の管理職およびその部下の努力では解決できない可能性が高くなります。ヒト・モノ・カネの不足を解消すれば簡単に解決できる問題もあると思いますが、それは現実的には最後の手段です。

まずは、自部門のメンバーで解決できることを模索することになるため、問題もヒト・モノ・カネの不足以外から検討した方がよいでしょう。

(4)今期優先的に取り組む課題には(3)で書き出した問題や障害への対応策のなかから今期優先的に取り組むものを書き出します。

(5)誰が・何を・どこまでには、優先課題を自部門の誰に任せ、どのような水準まで達成して欲しいかを上司の立場で想定しておきます。ここで書き出したことはあくまで、上司としての想定であり、部下の実際の目標設定は部下との面談等を通して、部下の意見や自主性も考慮したうえで決定します。

理想的には、(1)〜(4)の内容を部下と共有し、個別具体的にどのようなことをどの水準まで行うかという(5)の部分については、部下自らに考えさせた方がよいでしょう。

そのうえで面談を行い、上司と認識のずれがあるようであればすり合わせを行います。その際も、一方的な押し付けにならないように、部下がなぜそのような目標設定をしようと考えたのかその背景について質問し、部下の発言を引き出しながら双方の納得のいく形で目標を

設定します。部下自身の納得は非常に重要です。

　この課題発見ワークシートのようなフォーマットを使えば、社員一人ひとりの大小さまざまな目標が連動して大きな組織目標達成につながっていること（R関連性）が可視化できます。また、誰が何を何のために行うのかも整理できます（S具体的）。このシートを評価者が作成し部下と共有すれば、具体的にどのような水準を求めるのか（M測定可能）、社員の力量と照らしてどのような役割分担を行うのか（A達成可能性）もあわせて検討しながら目標の設定ができます（**図6-5**）。

◨ **図6-5　現在から将来への目標設定**

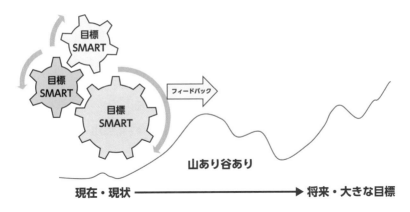

4. 評価基準の考え方

　業績評価・スキル評価の基準と行動評価の基準では作り方が異なります。

　評価基準は会社の求める人材像や働きぶりを設定するものであり、具体的にどのような評価基準を設定するかは評価制度の成否に大きな影響を与えます。自社の実態や目指す姿を反映した評価基準であるほど、組織マネジメント、社員の成長、貢献の報酬への反映といった評価制度の目的達成にも近づきます。

▶業績評価・スキル評価

　業績評価・スキル評価は自社の業務と密接に関わるため、業務の実態を把握し、その遂行の基準、必要なスキルなどを把握します。ここで、等級定義の考え方でも紹介した業務の棚卸、役割責任マップ®が役に立ちます。等級制度は将来的な期待も込めて運用するのに対し、評価は評価期間（過去）の実績を判断するものという違いはありますが、業務の実態やあるべき姿から求める人材像を描くという点は共通です。

　役割責任マップ®を通して業務ごとに求める期待水準を整理したら、業績評価の「組織の基幹業務」の評価基準として活用できます。

　注意点として、課業の棚卸しを細かく行うと、課業ごとに求める期待水準も細かくなることがあります。各課業や一連の流れのなかで連続して達成することに意味がある（細切れや途中が欠落していると意味がない）場合、ある1つの業務だけが期待水準に達していたとしても成果は生まれません。このような場合、役割責任マップに書かれた期待水準をそのまま使うことはできません。評価する意味のある塊に再編成してください。

　同様に、業務の棚卸しから業務に必要なスキルを整理したら、それをスキル評価の基準として活用できます。役割責任マップの段階でスキルの項目までしか洗い出していない場合は、求めるスキルの水準を設定してください。

　毎期の目標設定ではなく定常的な基準を設定してスキルを評価する場合、保有スキルではなく発揮スキルを評価します（スキルの習得という行為を評価する場合は目標設定）。人事制度では表に出ていない部分は評価しませんので、「～できる」ではなく「～できていた（できている）」といった発揮スキルとして評価できる表現にしておきます（図6-6）。

図6-6　スキル評価について

部門・職種		項目		スキル評価の基準 （スキルの習得や保有ではなく発揮状態を測るため「できていたか」表記）	適正等級			製造部門			検査部門		
					I	II	III	Aさん	Bさん	Cさん	Dさん	Eさん	Fさん
								I	II	III	II	II	II
スキル	製造部門	1	準備・段取り	図面を読み取り、正確に○○加工する準備／段取りが出来ていたか。		●							
		2	○○作業	○○作業が問題なく出来ていたか。	●								
		3	××機操作	××機の操作が問題なくできていたか。	●								
		4	△△機操作	△△機の操作が問題なくできていたか。	●								
		5	組み立て	全体の組立て業務が問題なくできていたか。		●							
		6	工具／機器選定	工具／機器の選定・使用ミスはなかったか。	●								
	検査部門	1	図面読み取り	図面を正確に読み取り、○○検出来ていたか。		●							
		2	検査治具準備	検査治具の準備に問題は無かったか。	●								
		3	検査治具の使用	検査治具の使用方法に問題は無かったか。	●								
		4	チェックシート記入	検査チェックシートへの記入誤り／記入漏れは無かったか。		●							
		5	作業段取り	生産計画／出荷納期に基づき、作業の段取りが出来ていたか。		●							
	品質管理部門	1	商品ごと検品	図面／仕様書を正確に読み取り、客先仕様などを把握し、検品が実施できていたか。		●							
		2	不具合改修段取り	不適合発見時、速やかに関連部署へ連絡し、不適合改修の段取りができたか。		●							
		3	顧客別検品	顧客のルールを遵守し、検品業務を遂行できたか。			●						
		4	行程の遵守	チェック工程を管理し、工程通りにチェック業務を遂行できたか。			●						

▶行動評価

　評価基準には、もう1つ行動評価があります。組織風土づくりに貢献したり、よりよい業績を出すための基盤となる取り組み姿勢、行動特性などを基準化するものです。

　具体的な業務の棚卸しから基準を考えやすい業績評価やスキル評価と違い、非常に幅が広く抽象的です。

　具体的な評価基準を設定するためには、まず以下のどちらを想定するのかを決める必要があります。

(1)　会社の理念や社訓など大切にしている価値観の形成や組織風土づくりへの貢献
(2)　よい成果を出すための基盤となる取り組み姿勢や行動特性

　(1)の会社の理念や社訓、価値観からアプローチするのであれば、まずはそれらを言語化する必要があります。理念や社訓であれば創業時から変わらずあるという会社も多いはずです。

　ただ、時代の変化とともにそれを体現している状態は変化している可能性がありますので、今の時代および将来に向けて具体的にどのような行動を求めるのか整理します。

　例えば理念が1つの文章や単語ではなく複数ある会社は、その理念ごとに基準を作るのがシンプルで考えやすいでしょう。理念が1つの会社の場合、その1つに多くの意味や思いが込められていると思います。それらをいくつかの項目に分けて整理した方が評価制度としては使いやすいものになります。

　さまざまな思いを1つの項目だけに込めて基準を設定すると、評価が難しくなります。さらに、その項目の評価の良し悪しが評価全体に与える影響が大きくなり過ぎてしまいます。

　また、理念の体現といっても新入社員に求める水準とベテラン社員や役職者に求める水準は異なりますので、等級や役職階層ごとに基準を設定します（**図6-7**）。

図6-7　理念や価値観に基づく行動評価の図

【行動基準の項目】
会社の価値観をもとに、自社独自の評価項目を選定

【行動定義】
行動基準項目の意味を定義し、社員の思考・行動の指針とする

各項目について、一人前の状態を明文化

項目	顧客満足	チームワーク	改善・改革	
行動定義	お客様のニーズ・要望にお応えし、信頼や満足を獲得するために、常にお客様の立場で物事を判断し、高品質の製品、サービスを提供し続ける	よりよい顧客価値を提供するために、仕事の環境を整え、業務の効率化を推進し、継続的に改善し続ける	社会から信頼される企業であり続けるために、法令や社内外の諸規則を遵守、企業の社会的責任を全うする	…
V	●お客様の声を含む現場情報を収集・分析し、お客様の要求を先取りした商品・サービスを企画・立案して実行・管理する。	●部門方針と自部署の目標・計画をメンバーにわかりやすく説き、理解させ、浸透させる。	●現場の実態を踏まえ、自部署の問題・課題を抽出し、他部署情報も積極的に取り入れながら、効果的な改善策を提案し、実行する。	…
IV	●お客様の動向・言動・反応から、真のニーズ・要望とその変化を的確につかみとり、商品やサービスにタイムリーに反映させる。	●部門方針や課目標・計画が実現できるよう、幅広い影響力を発揮して、メンバーを巻き込み、動かす。	●常にチームの問題・課題を把握し、業務の品質・効率の向上と、コスト削減に必要な施策を立案・実行する。	…
III	●お客様との接点を最大限に活用し、隠れたニーズ・要望を引き出す。	●自らコミュニケーションの中心となり、組織内の信頼関係と協力体制を主導する。	●常に現場・現物・現実を直視し、業務フローの見直しや職場環境の整備を主導する。	…

▶理念や価値観に基づく行動評価のイメージ

　(2)の取り組み姿勢や行動特性は、コンピテンシーとも呼ばれる考え方で、成果を出す優秀な社員の行動特性を基準化したものです。発揮能力や発揮スキルにも近い概念ですが、能力やスキルの発揮状態だけ見るのではなく、その発揮を下支えしている考え方・志向や価値観を含む概念です。ただ、評価制度では目に見えない志向や価値観を直接評価することはできませんので、それが行動としてどのように表れているかを評価します（図6-8）。

　人事評価の世界では広く知られている概念であり、書籍やインターネット等でも多くの情報やモデル、事例を手に入れることができます。「優秀な社員」は会社の業務や置かれた環境によっても異なりますが、すべてが異なるということでもなく、共通する部分もあります。モデルや事例を入手し確認し、自社にも活用できそうな部分はアレンジし

たうえで採用するという考え方でもよいでしょう。

　ただ、簡単に手に入る事例を活用すること自体は悪いことではありませんが、事例やモデルのすべてが自社に合うということはありません。業務の特殊性から、すべて自社独自の要素を設定した方がよい場合もあります。自社に合うかどうかの検証もせずにそのまま使うことはできないと理解したうえで活用し、必ず見直しの機会を設けてください。

　図6-8 にコンピテンシーの文言を考える際の表現の例を一部載せています。そのまま評価基準として使うというよりも、こういった要素を織り交ぜながら「優秀な社員の行動特性」を評価基準化するという視点でみてください。

◤ 図6-8　コンピテンシー表現例

	項目	期待水準
自律的行動	謙虚・すなお	他人の意見に素直に耳を傾け、柔軟に受け入れる
	誠実・信頼	規律に立脚し、倫理的に行動することで信頼を得る
	他への配慮	他人の立場や気持ちを敏感に察知し、肯定的に受け入れる
	沈着冷静	不測の事態に遭遇しても自己を見失うことなくクールに対処する
	自己コントロール	反対やストレスにさらされたりしても、自分の感情をコントロールし冷静さを保つ
	ストレス耐性	周囲の圧力や混乱があっても安定を保ち、とるべき行動をとる
チャレンジ行動	学習志向	小さな事柄から敏感に多くを洞察し、いつでも事実に学ぼうとする
	持続性	自分でやると決めたことは最後まで粘り強く成果を追求する
	向上への挑戦	現状に妥協せず、より高い成果に向かって挑戦し続ける
	機会の獲得	仕事の機会を逃さず確実につかみ、将来の仕事のチャンスを広げる
	業績へのこだわり	成果の本質を理解し効果的な行動により業績を追求する
	ブレイクスルー	仕事の困難に対し思い切って力を集中し、限界を突破する
対人的行動	チーム適応	チームの仕事に柔軟に適応し、円滑な人間関係を保つ
	親しみやすさ	親しみやすい言動で相手に安心感を与え、慕われる
	関係構築	どんな相手とも仲良くでき、人間関係を増やし続ける
	コミュニケーション	相手の話によく耳を傾け、よく話し合い、相互に理解し合う
	顧客ニーズ把握	顧客のニーズをとらえ、信頼関係をつくり円滑・有利な取引を行う
	積極アプローチ	どのような相手でも物おじせず積極的に自分から近づいていく

業務遂行に関する行動	整理整頓	身辺を常に整理整頓し、安全・快適な作業環境を維持する
	計画性	仕事の量と納期を勘案してあらかじめスケジュールを立て、計画的に行動する
	正確さ	仕事の結果を点検し、確実に安定した結果を出し続ける
	完遂	仕上がりを確認し、最高度の仕事の成果を維持する
	トラブル対応	失敗やトラブルが起きても冷静迅速に適切な対応策をとる
	ムダやロスの防止	コスト意識を持ち、材料、時間等の資源をムダにしない
企画や戦略に関する行動	情報発信と共有	有益な情報を整理し、分かりやすい方法で関係各所に伝え、共有する
	概念化思考	各部分をまとめてパターン化するなどの方法で状況や問題を理解し、大きな絵姿を描き出す
	論理的思考	物事の因果関係を冷静にとらえて体系的に整理し、客観的に正しい判断を行う
	創造と革新	内面に深く問いかけ、状況を変える新しい関係やコンセプトを考え出す
	意思決定	成果に対して最適な方法・手段を検討し、重要な決定を行
	選択と集中	優先順位の高い仕事の課題にエネルギーを集中する

5. 評価のつけ方・評価記号の決め方・評価の反映先など

　ここまで設定した目標や評価基準をどのように点数化し、最終的に
どのように評価記号に落とし込むか、評価記号は給与や賞与のどこに
反映されるのかなど評価制度を運用するうえで欠かすことのできな
い細かな点を検討します。本書ではまとめて最後の検討事項としてい
ますが、一番最初に検討したり、途中途中で必要に応じて検討する場
合もあります。

▶項目ごとの点数のつけ方
　目標や基準に達した場合、超えていた場合、足りない場合はそれぞ
れ何点がつくのかを検討します。この点数のつけ方には大きく2つの
考え方があります（**図6-9**）。

図6-9　点数のつけ方について
・3点満点や5点満点などの奇数段階（中間点がある）
・4点満点や6点満点などの偶数段階（中間点がない）

　奇数段階は中間があり、3点満点の場合は2点、5点満点の場合は
3点が中間になります。中間点があると、評価者が迷ったり、自信が
ない場合に中間点をつけてしまい社員間の評価差が出にくくなる中央
化（中心化）傾向が問題となることがあります。
　一方、偶数段階の場合、必ずよいか悪いかに振り分けられるため中
央化傾向の心配はありません。ただ、これはよいか悪いかを評価者が
しっかりと判断することが前提です。
　社員の評価に迷ったり、自信がない場合によい方につけるという評
価者ばかりの場合、評価結果は中間点がある場合よりも高くなります。

それならば中間点があった方がまだよかったということにもなりかねません。

　奇数段階であろうと偶数段階であろうと、これは評価制度だけで解決できる問題ではありません。評価者の考え方と運用次第です。評価者研修や評価者同士の対話を通した目線合わせが必要です。

　また、評価段階が細かすぎると違いがわかりにくくなります。例えば、10段階評価の7段階目と8段階目の違いは何かと問われると答えるのは難しいでしょう。奇数であれば5段階、偶数であれば4段階評価をおすすめします（**図6-10**）。

◎ 図6-10　評価点と判定基準の文言の例

業績評価基準	得点
抜群によい、極めて高い成果を上げた	5
十分満足できる、高い成果を上げた	4
必要レベルに達した、成果水準を満たしている・合格	3
許容できるぎりぎり、成果としてやや物足りない	2
明らかに不十分、成果が乏しい	1

スキル評価・行動評価基準	得点
抜群によい	5
十分満足できる	4
必要レベルに達した・合格	3
許容できるぎりぎり	2
明らかに不十分	1

▶点数集計とウェイト設定

　目標や評価基準の1つひとつに点数をつけ、最後はそれらを合計して評価点を算出します。この際に、すべての項目の点数を同じウェイトで計算するのかを検討します。ウェイトを設定する場合、以下の2

つのどちらか、あるいは両方に設定するのかをまず決めます。

(1) 目標や評価基準1つひとつにウェイトを設定する
(2) 業績評価、スキル評価、行動評価という大きなくくりに対してウェイトを設定する

　どちらも、合計100%の範囲でウェイト設定を行います（両方に設定する場合はそれぞれ100%となるように設定）。ウェイトは個人別、等級や役職の階層別、職種別などの決め方があります。使いやすさという点では(1)は個人別、(2)は等級や役職の階層別あるいは職種別が使いやすいでしょう。

　ウェイトを設定する際は極端なバランスにならないように配慮してください。極端な例ですが、1つの項目が90%、残りすべての項目の合計が10%のような形にすると、評価される側としては90%の項目以外に力を入れる意味がないように見え、目標や基準の設定自体が形骸化してしまいます（**図6-11**）。

◀ **図6-11　業績評価と行動評価を採用した場合の等級別ウェイト設定例**

等級	ウェイト	
	業績評価	行動評価
V等級	70%	30%
IV等級	60%	40%
III等級	50%	50%
II等級	40%	60%
I等級	30%	70%

最終評価点＝業績評価点の平均点×業績評価ウェイト＋行動評価の平均点×行動評価ウェイト

　最終的な評価点はウェイトを掛けて算出します。業績評価、スキル評価、行動評価という大ぐくりの要素にウェイトを掛ける場合、それぞれの目標や項目数が共通であれば合計点を、異なるようであれば平

均点を使います（項目の数が異なると合計点も異なるため）。

▶評価記号の決定

　最終的には、評価点の合計を SABCD といった評価記号に落とし込みます。点数の状態では社員ごとに細かな点数差が出ますが、昇給や賞与額を決める際にはその細かな差まで反映することは困難です。そのため、おおむね5段階程度になるように評価点を記号に転換するルールを設定します。

　このルールには絶対評価と相対評価の2つの考え方があります（図6-12）。

◇ 図6-12　絶対評価と相対評価

絶対評価	●評価基準と自身の点数（成果・行動の結果等）により決まる ●結果がわかりやすく、成長のモチベーションにつながりやすい ●評価が甘いと昇給や賞与が上振れしやすい
相対評価	●自身の点数だけでなく他者との比較により決まる ●結果がわかりにくく、自身が努力・成長してもなお他者より点数が劣る場合は結果に反映されにくい ●評価記号が均等に割り振られるため評価者が甘いという問題を抑制しやすい

　絶対評価は、例えば80点以上であればA評価のように、評価点合計と評価記号が直結しています（図6-13）。

◇ 図6-13　絶対評価と評価記号の例

S評価	91点以上
A評価	76点〜90点
B評価	56点〜75点
C評価	40点〜55点
D評価	39点以下

一方の相対評価は、相対評価のグループを設定し、そのグループ内で評価点の合計に沿って順位をつけ、上位○％が○評価という形で評価記号を決定します（**図6-14**）。

▶ 図6-14 相対評価と評価記号の例

S評価	5％
A評価	15％
B評価	60％
C評価	15％
D評価	5％

絶対評価は、目標や評価基準に対する自身の成果や行動の結果が評価記号に直結しているとも言え、社員にとってわかりやすい仕組みです。成長に対するモチベーションにもつながりやすいでしょう。

ただ、会社目線で見ると全員が高い評価になる可能性があり、その結果として昇給や賞与など人件費が想定以上に膨らむことが懸念されます。

全員が低い評価になる可能性もあり、負担が膨らむ一方ということではないのですが、上振れのリスクの方を懸念される会社が多い印象です。この点は評価者研修を行ったり、役員会等による最終調整機能を持つことで対応します。

相対評価は他者の点数が評価記号に影響するため、自分の点数だけをみても評価記号を判断できません。社員目線では結果がわかりにくい仕組みですが、会社目線で見ると社員間の競争を促すことができたり、高い評価と低い評価がバランスよくつくため人件費の上振れ懸念が小さいといったメリットのある仕組みです。

ただし、絶対評価と異なり全員が低い評価ということは起きません。仮に全社的に大きな業績の落ち込みがあった場合、絶対評価であれば全体的に低評価になる可能性がありますが、相対評価の場合は業績が

悪いなりにＳ評価やＡ評価が生まれます。

　どちらも一長一短であり、ごく簡単に述べると、社員の育成やモチベーションを重視するのであれば絶対評価、人件費の上振れ防止を重視するのであれば相対評価の方が使いやすいでしょう。

◇ 参考　評価シートのイメージ

評価シート	事業年度	評価期間	部署名	本人（被評価者）名	等級	職群	上司（評価者）名		
							調整者名		

番号	項目	期待水準	明らかにもう一歩 1	許容できるぎりぎり 2	必要レベルに到達した 3	十分満足できる 4	抜群 5	素点 上段 下段 / 本人 上司
行動評価 1								
2								
3								
4								
5								

（上司評価の合計点÷項目数）⇒

番号	項目	習得水準	あと一歩ほぼ任せられる 1 2	一人前完全に任せられる 3	模範指導できる 4 5	素点 上段 下段 / 本人 上司
スキル評価 1	・・・	・・・				
2	・・・	・・・				
3	・・・	・・・				
4	・・・	・・・				
5	・・・	・・・				

（上司評価の合計点÷項目数）⇒

番号	目標項目	目標の到達点・期待する水準（何を・どこまで・いつまで・どうする・・・期初に本人が記入）	達成のための手段・方法（誰と・どうやって・・・期初に本人が記入）	目標の結果と振り返り（取り組みの実績と新たな気づき・・・期末に本人が記入）	明らかにもう不十分 1	許容できるぎりぎり 2	必要レベルに到達した 3	十分満足できる 4	抜群 5	素点 上段 下段 / 本人 上司
業績評価（目標の達成度・進捗度） 1	・・・	・・・・・・・	・・・・・・・	・・・・・・・						
2	・・・	・・・・・・・	・・・・・・・	・・・・・・・						
3	・・・									

← 期初に設定 →　　　← 期末に申告 →　　　（上司評価の合計点÷目標数）⇒

評価点	評価記号
○点	Ｂ

©㈱プライムコンサルタント　禁無断転載

▶評価の時期・回数・評価期間・目標設定の対象期間

　多くの会社では、昇給や賞与の時期は毎年特定の月に固定されています。評価はそれらに反映されるため、いつの評価がいつの昇給や賞与に反映されるのかも検討しておく必要があります（**図6-15**）。

　もし目標設定を行う場合は、その目標はいつからいつまでの期間の目標であるかも同時に検討します。

　例えば、次のような会社を例に考えます。

> ● 4月〜3月の事業年度
> ●昇給や昇格は4月
> ●賞与は7月と12月

◇ 図6-15　評価点による賞与の決定の流れ

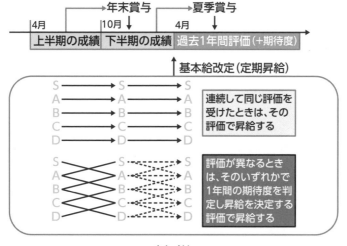

　昇給や昇格は4月～3月の1年間の評価を使用し、将来の期待を込めた決定を行います。一方、賞与は年2回支給ですので評価も年2回行います。4月1日～9月30日間の目標を立て、期間が終了すると評価を行います。その結果を12月賞与に活用します。10月1日～3月31日までの評価は7月賞与に反映されます。

　昇給のための年間評価、賞与のための上期評価、下期評価と3回の評価がありますが、年間評価と下期の評価は事実上同じタイミングで行われます。評価にかかる負荷を考慮するのであれば、下期の評価のみを行う形の方がよいでしょう。

　年間評価は上期の評価と下期の評価を勘案して決定します。上期も下期も同じ評価記号であればそのままその評価記号を使用し、異なる評価であれば次の1年間の期待値を込めて判断します。

　もしくは、上期の評価点と下期の評価点の平均点を算出し、その点数を使って絶対評価や相対評価を再度行うという方法もあります。

　事業年度が4月からの会社は評価期間と目標の設定の対象期間、昇給や賞与のタイミングを合わせやすく、悩むことはほとんどないでしょう。

　問題は事業年度が4月～3月でない会社の場合です。昇給や賞与の時期と評価時期のタイミングが近接しており事務手続きがタイトになったり、逆に昇給や賞与と評価期間が間延びしすぎることがあります。

　例えば1月～12月の事業年度の場合、事業年度を上期下期に分けると、1月1日～6月30日、7月1日～12月31日になります。下期および年間の評価は12月に締め、1月～2月初旬に評価結果が出揃います。この評価を持って4月昇給を行うくらいであれば個人的には許容範囲だと思いますが、この評価を夏季賞与に使うとなると半年間の開きが出ます。かといって、1月1日～6月30日の評価を7月支給の賞与に反映させるにはスケジュールが非常にタイトです。この状態の対処として、以下のどちらかが考えられます。

167

(1) 6月30日に締めた上期評価を12月賞与に、12月31日に締めた下期を7月賞与に反映させる（評価と賞与の間隔が開くことは許容する）

(2) 上期評価は5月末で締め7月賞与に反映させる（6月の評価は5月時点の見込みでつける）、同じく下期評価は11月で締め12月賞与に反映させる（12月の評価は11月時点の見込みでつける）

▶評価の種類と反映先

業績評価、スキル評価、行動評価をそれぞれ昇給、昇格、賞与のどこに反映させるのかを検討します（図6-16）。

もっともシンプルな方法は、設定したすべての評価要素を昇給、昇格、賞与のいずれにも反映させ、使い分けしないことです。

もし、反映先を分けるのであれば、各報酬の持つ特性と結びつきの強い評価要素を充てることで、報酬の特性をより色濃く反映させるようにします。

◘ 図6-16 評価の種類と反映先を使い分ける場合の例

業績評価	賞与
スキル評価	昇給、（能力等級の場合は昇格）
行動評価	昇給、昇格

業績評価は短期の利益還元性の強い賞与に、中長期的な組織づくりへの貢献である行動評価および中長期的な人材育成につながるスキル評価は、将来の期待を込めて運用する基本給や昇格に反映させます。

また、上表のようにきれいに区分するのではなく、半年に1回の賞与に反映される評価の場合は業績評価のウェイトを大きく、年1回の昇給に反映される評価ではスキル評価や行動評価のウェイトを大きくするという方法もあります。

実際にはウェイトを分けても最終的な結果にはあまり差がない（業

績を上げる人はその基礎となっている行動もスキルも優秀）ということもよくあります。迷われるようであれば、シンプルにすべての要素を昇給にも賞与にも使用することをおすすめします。

▶目標設定面談・評価面談のタイミング

　評価制度は評価基準や目標、結果の入力フォームを作ってそこに記入だけすればよいというものではありません。組織マネジメントや社員育成のためのコミュニケーションツールとしての目的・機能も持っており、そのためには、上司と部下で面談や対話を行う必要があります（図6-17）。

　最低限必要なものは期初の目標設定面談と期末の評価面談です。期初は今期の目標や評価基準、その達成のために具体的にどのような仕事に取り組んでいくのかを話し合い合意します。その際に、上司が部下の目標達成のために行う支援についても話をしてください。

　どうしてもこういった面談は部下が行う業務に話が集中しますが、目指していることは組織の目標達成であり部下の成長です。目標が難しいほど支援が重要になります。

　期末の面談は評価結果のフィードバックを行います。この面談は評価結果をただ伝えたり、目標達成できなかったことを責める場ではありません。来期につなげるために、よかったこと、次に活かすことも含めたフィードバックを行ってください。

　以上は最低限の面談です。評価制度をよりよいものにするためには、期初と期末の2回だけでなく、細かく面談のステップを分けます。

　特に、評価をつける前に、業務の振り返りのための面談を行うことをおすすめします。評価される方は評価結果についての関心が高い状態です。評価点や評価記号を見た後で話を聞いたり今後の改善の話をしても、先に結果が出ておりその結果が悪ければ、それほど話す気にもならないでしょうし、上司の話も受け止めにくいでしょう。

　また、評価する方も部下の日々の仕事ぶりをこと細かに把握してい

るわけではありませんので、知っていれば評価判断が変わったという
こともあり得ます。

　こういった問題を解消するために、業務の振り返り面談と評価をつ
けた後の結果のフィードバック面談は分けて行うことをおすすめしま
す。

　また、期中には業務の遂行状況を確認します。短時間で構いません
ので部下の目標達成を支援し、部下の育成やモチベーションの向上の
ためのミーティング（1on1ミーティングと呼ばれる）を行ってくださ
い。期中の面談やミーティングは評価結果をつけるためのものではあ
りませんので、評価シートなどを用意する必要はありません。1 on 1
ミーティングを評価の場と部下に伝えると、本音で話をしたり、気軽
に相談できなくなりますので注意してください。

◻ 図6-17　目標設定面談・評価面談について

期　初	目標設定面談
期　中	進捗確認、必要に応じて1on1等を実施し目標達成を支援
期　末	振り返り面談 評価結果のフィードバック面談

第 7 章

人事制度の
導入・運用にむけて

1. 制度の理解・浸透を図る

　人事制度は作っただけで効力を発揮するものではなく、適切に運用して初めて意味があり効果があります。そのためには、対象となる社員や評価制度運用の主体者である管理職に制度の趣旨を理解してもらい、協力してもらう必要があります。

　その最初の一歩は、社員への人事制度の説明です。制度のすべてを開示することが理想であり、できるのであればそうすべきです。そうできないのであれば、何をどこまで具体的に説明するのかを決めておく必要があります。

　以下の事項については、社員に開示することをおすすめします。

(1)　等級制度

- 等級の定義
- 役職と等級の対応関係
- 現等級制度から新等級制度への移行方法

(2)　月例賃金制度

- 基本給テーブル（具体的な金額）
- 基本給改定ルール
- 手当の種類、金額、支給基準
- 現基本給テーブルからの移行方法
- 手当の改廃がある場合はその対応

(3)　賞与制度

- 賞与額の決定ルール

(4) 評価制度

- 評価制度の体系（業績、スキル、行動の何を評価するか）
- 具体的な評価基準
- 評価点、評価記号の決定ルール

　人事制度がすでにあり、開示されている会社では、新制度を非開示にすることは社員に不信感を抱かれるため難しいでしょう。新制度でどのように変わったのかを具体的に説明することになります。

　これまで人事制度がなく、初めて人事制度を導入しようとする会社では、賃金制度や賞与制度を開示し社員と約束することに不安を感じるかもしれません。その場合、一部非開示や最初の1年は非開示にして内規的な運用を行うことも選択肢として考えられます。

　ただし、人事制度の効果を最大限に発揮させたいのであれば、制度として定めたことは可能な限り開示した方がよいでしょう。最初は非開示部分があったとしても段階的に範囲を広げていき、最終的には前記(1)〜(4)は開示したほうがよいでしょう。

2. 現場運用者である管理職・評価者の研修

　昇給や賞与に結び付く評価を適切に運用するためには、評価者の理解と評価判断の「目線合わせ」が不可欠です。評価制度は、主たる運用者である評価者の考え方や力量次第でよい結果も悪い結果も生みます。

　その際に、評価制度の内容や使い方を伝えるだけでなく、組織の管理者、部下の育成担当としての考え方についてもあわせて研修します。

　管理職の重要な役割は組織目標の達成です（**図7-1**）。それは管理職自身が直接目標に関与して成しとげるのではなく、組織メンバーの力を結集し、メンバーの成長を通して成しとげるのがよりよい姿です。

　研修では、組織や組織マネジメントについて理解を深め、評価制度を社員の育成や事業・組織のマネジメントツールとして活用してもらえる内容にしましょう。

◆ 図7-1　組織目標達成のための管理職の役割

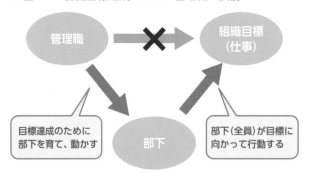

　また、期初の目標設定、期末の振り返りやフィードバックの面談も制度の運用に欠かすことができません。管理職研修のなかで、面談時の心構えや部下とのコミュニケーションのポイント、コーチングなど

を体験・習得してもらう機会を設けましょう。研修で管理職が知っておくと役に立つポイントや心構えを紹介しますので、参考にしてください（**図7-2**）。

◇ **図7-2　面談での部下とのコミュニケーションポイント**

期初：目標設定面談

ねらい・目的	・何のためにこの目標に取り組むのでしょうか？
重視する成果	・何を成果の中心と考えて取り組みますか？ ・そのことで具体的に何を、どこまでやろうと思いますか？
本人の能力・意欲	・あなたはなぜそれをやりたいと思ったのですか？ ・その目標であなたが特にストレッチすることは何ですか？
成長テーマ	・それは自身のどのような成長につながると思いますか？
課題形成	・目標に取り組むうえで何が課題になると思いますか？ ・その目標はどのようなことに気をつけなければならないと思いますか？
まとめと支援	・ここまで話し合った内容をもとに、目標を改めて整理してください。 ・目標達成に向けて必要な支援があれば相談してください。

期末：振り返り面談

ねらい・目的	・何のためにこの目標に取り組んだのでしょうか？
重視した成果と結果	・何を成果の中心と考えて取り組みましたか？ ・結果はどうでしたか？
特に苦心した点	・目標への取組みで特に苦心したことは？ ・どのような支援がありましたか？
成長・向上した点	・この仕事で成長・向上したと感じることは？
成功要因	・なぜうまくいったと思っていますか？
障害	・うまくいかなかったこと、障害は何でしたか？
次の成長と挑戦に向けて	・次のレベルに行くために大切だと思うことは何ですか？ ・どのようなことにチャレンジしたいですか？

▶目標設定面談／振り返り面談での部下とのコミュニケーションポイント

　期初の目標設定面談では、目標数値や施策等の目標の中身に入る前に、なぜそのことに取り組もうとするのか、ねらいや目的など背景を確認します。そのうえで成果の指標、その目標に取り組む意思、目標達成に向けての課題などを確認していきます。

　最後に、目標達成に向けての必要な支援を確認します。目標とは、立てればあとは部下が勝手に業務を遂行し達成するという類のもので

はありません。組織として目標の達成を目指すのですから、部下が安心し納得して目標に取り組めるよう、上司・組織として支援が必要なことがあればあらかじめ確認しておきます。

　期末の振り返り面談（**図7-3**）では、目標に対する結果だけでなく、その結果にいたる努力や工夫、苦心した点について部下に語ってもらい、よかった点や向上した点・改善が必要な点を十分に引き出してください。振り返り面談はどうしてもできなかったことに目が行き、その点を責めがちです。しかし、すでに過ぎてしまったことを責め、部下を落ち込ませるだけでは次につながりません。今後の成長や新たな挑戦についても話をし、ポジティブな形で面談が終わるようにしてください。振り返り面談に限ったことではありませんが、面談の成否の最大のカギは信頼関係です。面談の時だけ信頼してもらえるということはありませんので、日ごろから信頼関係を築き、部下側が話を素直に受け止められるようにしておく必要があります。

　そのうえで、面談での上司の役割は、部下の話（経験）を引き出し整理することです。部下の話は、目標の達成状況や達成に向けた業務

◇ **図7-3　振り返り面談時の心構え**

遂行中に起きた事実・事象と部下の感情が混ぜ合わさった状態です。部下本人からみればうまくいかなかったことも、上司の目からみればよかったということがありますし、その逆もあります。

　部下の経験のなかにある事実・事象と感情を整理したうえで、もう一度のみこませることで、部下は肯定的な気付きを得て成長につながります。

3. 定期的な点検・見直し

　制度を導入し運用していくなかで、必ず当初の想定通りにいかない部分が出てきます。時間をかけ苦労して作った制度ですからそれが正しいものであると信じたいところですが、実際には運用してみないとわからないことも数多くあります。

　新制度のすべてがうまくいくということは稀ですし、最初はうまく機能したとしても、会社や社員をとりまく環境が変化すれば、段々と機能しない部分がでてきます。

　人事制度は組織や社員が成長し成果を出すための媒介でありツールです。実態に合わなくなったのであれば、制度の形に固執せず手を加えていきましょう。

　変化の速く激しい時代です。人事制度を聖域化せず、柔軟に変化させるものとして捉えてください。

　とはいえ、賃金制度や賞与制度が頻繁に変わることは不安や不信感につながるため、会社が毎年一方的に変えるようなことは難しいと思います。それでも評価基準の点検と見直しは制度導入後１年目に行うことをおすすめします。

　評価を行ってみて使いにくさや違和感はなかったか、実際に評価を行った評価者を集めて意見を聞くなどして改善を行い、より実態に即したものにしていきましょう。

◯ 参考　人事制度見直しの流れ

1	現状の診断	年齢や役職などの区分別に仕事や賃金の実態を確認 どこに課題があるかの目途を立てる
2	改定プラン検討	課題にどのように対応するかのプラン作り
3	改定の空気づくり	課題とプランを経営陣等に共有、制度改定の機運を高める
4	プロジェクト編制	制度改定プロジェクトメンバーを選定
5	人事制度の詳細検討	具体的な制度作り
6	機関決定	作成した制度を経営陣・役員会に諮り確定させる
7	労使協議	（労働組合がある場合）
8	管理職説明会	背景・目的を含め、新制度を管理職に先に説明
9	社員説明会	背景・目的を含め、新制度を一般社員に説明
10	移行措置	新旧制度間で処遇に大きな変動がある場合の緩和措置
11	評価者研修	目標設定、振り返り、評価、フィードバック等について研修
12	FAQ、質問・苦情対応	制度の導入、運用に対する社員の質問・苦情への対応 あらかじめ想定されるものは回答を用意しておく
13	制度メンテナンス・改善	制度を運用していくなかで生まれる変化や課題に対応

〈著者プロフィール〉

津留　慶幸（つる・よしゆき）

　　株式会社プライムコンサルタント
　　賃金・人事コンサルタント
　　社会保険労務士

広島大学総合科学部卒。株式会社ベンチャー・リンクに入社。新規外食チェーンの開発・本部立ち上げに携わる。店長として店舗運営を行いながら、店長育成研修トレーナーとして多くの飲食店店長を育成。2008年、株式会社プライムコンサルタント入社。
著書に、『同一労働同一賃金速報ガイド』（労働調査会・共著）、『～失敗事例を分析して成功へ～　賃金・評価・退職金　制度改定９つのカギ』（日本法令・共著）等。

図解でわかる！　人事制度の作り方

2024年7月20日　初版第1刷発行

　　　　　　　　著　者　　　津　留　慶　幸
　　　　　　　　発行者　　　延　對　寺　哲

　　　　　　　　発行所　　　㈱ビジネス教育出版社

　　〒102-0074　東京都千代田区九段南4-7-13
　　TEL 03（3221）5361（代表）／FAX 03（3222）7878
　　E-mail▶info@bks.co.jp URL▶https://www.bks.co.jp

印刷・製本／モリモト印刷株式会社
装丁・DTP／有留　寛
落丁・乱丁はお取替えします。

ISBN 978-4-8283-1090-9